卓越学术文库

景区自然灾害风险形成机制及动态评估研究

JINGQU ZIRAN ZAIHAI FENGXIAN XINGCHENG JIZHI JI DONGTAI PINGGU YANJIU

河南省高等学校哲学社会科学优秀著作资助项目

石 勇 著

郑州大学出版社

图书在版编目(CIP)数据

景区自然灾害风险形成机制及动态评估研究 / 石勇著. — 郑州 :郑州大学出版社, 2022. 7
(卓越学术文库)
ISBN 978-7-5645-7125-2

Ⅰ. ①景… Ⅱ. ①石… Ⅲ. ①自然灾害-旅游区-风险管理-研究 Ⅳ. ①F590. 75

中国版本图书馆 CIP 数据核字(2020)第 128919 号

景区自然灾害风险形成机制及动态评估研究

策划编辑	孙保营	封面设计	苏永生
责任编辑	陈　思	版式设计	凌　青
责任校对	呼玲玲	责任监制	李瑞卿
出版发行	郑州大学出版社	地　　址	郑州市大学路 40 号(450052)
出 版 人	孙保营	网　　址	http://www. zzup. cn
经　　销	全国新华书店	发行电话	0371-66966070
印　　刷	河南文华印务有限公司		
开　　本	710 mm×1 010 mm　1 / 16		
印　　张	8. 25	字　　数	139 千字
版　　次	2022 年 7 月第 1 版	印　　次	2022 年 7 月第 1 次印刷
书　　号	ISBN 978-7-5645-7125-2	定　　价	52. 00 元

前言

人类已经进入风险社会。在全球变暖和海平面上升背景下，未来各种极端自然灾害具有明显增强趋势，灾害管理已经成为人类社会可持续发展的重要议题。近一、二十年来国际减灾战略的实施表明，在预防、应对和重建三项工作中，预防工作最为重要，“防患于未然”、由被动转化为主动的风险管控，是减少灾害损失的有效途径，也是国际灾害管理的发展方向。

旅游业也进入了高风险时代。首先，源于旅游业的超高速、大规模发展。2018年，国内旅游达到55.39亿人次，入出境旅游总人数2.91亿人次，国内旅游、出境旅游的人次和消费均稳居世界第一。全年旅游业对国内生产总值的综合贡献超11%，旅游直接和间接就业7991万人，占全国就业总人口的10.29%。这种经济发展新常态下旅游业强劲的拉动作用，既凸显了旅游业战略性支柱产业地位，又表明旅游业发展面临的巨大风险压力。其次，极端自然灾害发生的频率、强度和范围都在加大，很多旅游景区不同于有完整基础设施建设的常住地，以山岳型为例，常常面临山洪、滑坡、泥石流等自然灾害的威胁。我国每年都约有1000个3A级及以上景区受到不同程度自然灾害的影响，占全国3A级及以上景区的60%以上，自然灾害已成为制约我国旅游业可持续发展的重要因素之一。此外，旅游活动的全域化、大众化、自助化的发展趋势使得旅游业的风险日益增强。以“异地性”为主要特征的旅游活动，本身就具有高于常住地的风险，旅游的季节性、游客的流动性和旅游业的综合性特征，使得旅游风险常常超出常规可控范围。由于散客增多且行为不确定性增强使得旅游活动超出旅游管理的视线，且具有经验从业人员引导的缺少、相关预警提示的缺位和游客风险意识的欠缺，使得旅游风险日益综合化、系统化与纵深化。

近十年来，作者先后参与了国家自然科学面上基金项目“中国沿海城市自然灾害风险评估体系研究”（40571006）和国家自然科学重点基金项目“沿海城市自然灾害风险应急预案情景分析”（40730526），主持实施了国家自然科学基金青年项目“景区自然灾害风险形成机制及动态评估模拟”（41601566）、教育部人文社会科学研究青年项目“城市暴雨内涝灾害系统的脆弱性评估与应急管理研究”（14YJCZH128）、河南省哲学社会科学规划项目“重大公共安全事故应急管理创新研究”（2013CSH005）、河南省教育厅科学技术研究重点项目“郑州市暴雨内涝脆弱性及风险管理研究”（12A630041）和“基于风险评估的城市自然灾害预防预警与应急处理体系研究”（13B630390）、河南省教育厅人文社科项目“旅游景区灾害脆弱性与风险管理研究”（2011-GH-113）、河南省社科联调研课题“基于暴雨内涝情景模拟的郑州脆弱性评估及应急管理体系研究”（2012—428）和“雾霾天气下旅游者风险认知与应对行为研究”（2016—128）等多项研究工作，全面构建了景区自然灾害风险的理论与方法体系，探讨了景区自然灾害风险的特征体现、形成机制与演化规律，构建了景区不同尺度自然灾害风险的评估模型与工具集，为本书的撰写奠定了坚实的基础。

在2019年度河南省教育厅哲学社会科学优秀著作项目的资助下，本书以地球系统科学思想和自然灾害风险理论为指导，在充分调查、分析国内外景区自然灾害风险研究动态变化及前沿热点的基础上，总结景区自然灾害风险的理论基础和方法体系，采用并突出强调多情景分析手段，聚焦景区典型灾害，分析人地耦合关系中旅游风险的形成机理，在对灾害进行情景模拟后开展危险性分析、对景区及游客时空分布状况调研后进行的暴露、脆弱性分析的基础上，从风险辨识、风险分析、风险评估和风险应对四个方面系统构建旅游风险管理流程及范式，为景区减灾降险提供决策理论及行动依据。

由于作者水平有限，书中不妥之处在所难免，敬请广大读者批评指正。

石　勇

2021年8月25日

目录

第一章

绪 论

1.1 景区自然灾害风险研究背景

1.1.1 旅游业蓬勃发展

现代旅游业产生于19世纪,在20世纪得到了前所未有的发展,特别是第二次世界大战以后,旅游业在相对和平与稳定的发展环境中迅速发展。20世纪60年代以来,旅游业以持续高于世界经济增长的速度快速发展,逐渐成为全球最大的新兴产业,旅游业甚至已经超过石油和汽车工业,成为世界第一大产业。90年代开始,国际旅游收入在世界出口收入中所占比重达到8%以上,超过石油、汽车、机电等,旅游产业正式确立为世界第一大产业的地位并保持至今。当今,随着经济全球化和世界经济一体化的深入发展,世界旅游业更是进入了快速发展的黄金时代。2011年3月3日世界旅游及旅游理事会发布的《2011—2021旅游业经济影响报告》认为,尽管目前世界经济增长遇到了很多挑战和不确定因素的影响,但旅游业却一直是增长速度最快的部门之一,而且成为推动经济和就业增长的主要力量。旅游业已成为国民经济中的重要产业[1]。无论是收入、就业,还是投资、税收,旅游产业对世界各国经济的发展都发挥着举足轻重的作用。

中国旅游业改革开放40多年,取得了巨大的成就。事实上,改革开放以来,我国旅游业始终保持着快速发展的劲头。从开放之初入境旅游的“一枝独秀”,到90年代的入境旅游、国内旅游“双轮驱动”,发展到如今的入境旅游、国内旅游、出境旅游“三足鼎立”。1978年到2008年,中国用了30年时间完成了从旅游资源大国到旅游大国的跨越。随着世界旅游业进入高增长时期,中国旅游业呈现一片欣欣向荣的局面。国家旅游局《中国旅游业统计公报》数据显示,从2006年至2015年的10年间,国内旅游收入总体呈现稳步增长态势,收入从2006年的6229.70亿元上升到2015年的34 195.10亿元,年复合增长率达到19.00%。中国已成为世界第三大国际旅游目的地、全球最大的客源输出国、世界最大的国内旅游市场。据统计,2018年国内旅游达55.39亿人次,比上年同期增长10.8%;国内旅游收入5.13万亿元,比上年同期增长12.3%;入境旅游1.41亿人次,入出境旅游达2.91亿人次;全年实现旅游总收入5.97万亿元,同比增长10.5%,全年全国旅游业对GDP的综合贡献为9.94万亿元,占GDP总量的11.04%。

1.1.2　旅游风险问题日益突出

旅游业被认为是世界上增长率最高和创造就业机会较多的行业[2]。然而,与任何行业一样,旅游业也容易受到风险的影响。风险以多种形式表现出来,如果不能有效管理,可能对旅游业造成灾难性后果。这些风险可大致分为以下几类:犯罪、健康、政治、社会人口、技术和经济风险。例如,目前的全球经济衰退是限制旅游一个风险因素,同时也会影响行业中各旅游企业的收入,并可能导致许多企业规模缩减甚至关门。阿农(Anon,2009)将风险定义为:危险变成灾难的概率。该学者认为脆弱性和危险单独来看并不具有威胁,但是,如果把它们放到一起,就会成为一种风险,换句话说就是灾难发生的可能性。科兹纳(Kerzner,2001)将风险视为对未来事件缺乏了解的一种表现,特别是那些有消极影响的也被称为不利事件的事件[3]。风险可被视为实体的损失或损害的可能性,此类实体可以是个人、团体、组织、系统或资源[4]。

勒尔和费森迈尔(Roehl & Fesenmaier,1992)是最早开始旅游风险的研究人员,他们向受访者询问度假类型以及受访者在最近的假期中所经历的风险类型,并将设备风险(旅途中发生机械故障的可能性)、财务风险、生理风险、心理风险、社会风险、满意度风险和时间风险作为风险类型[5]。科学家利用因子分析确定了三个主要风险:物理设备,假期和路线风险。其他研究人员认为,旅游风险包括所有可能的旅游部门主体和客体威胁[6,7]。这些威胁主要针对基础设施、旅游公司和游客本身,并可以调整旅游活动的水平。俄罗斯科学家切拉波夫和奥夫恰洛夫(Косолапов & Овчаров,2009)认为,广义上的旅游风险可能被视为一种现象,不仅涉及损失、损害的概率,而且还有取得积极结果成功的概率[8]。换句话说,风险状况可以成为旅游业发展的有利风险因素,其主要包括四个方面:不利事件导致的损失,不利事件的可能性,结果的不确定性以及从危险情况中获得收入的能力。研究旅游消费者行为的科学家阿塞尔、恩格尔、布莱克威尔和密尼亚德、莫温和迈纳,希夫曼和卡努克,富克斯和雷赫尔(Assael,1995;Engel,Blackwell & Miniard,1995;Mowen & Minor,1998;Schiffman & Kanuk,1991,Fuchs & Reichel,2006)认为购买旅游服务的消费者意识到风险时会采取措施以减少风险。因此,这些科学家一致认为,如果不控制和管理风险,就无法在旅游行业创造就业机会[9-13]。

1.1.3 自然灾害破坏严重

在发达国家和发展中国家,各种各样的自然灾害会造成人员死亡、固定资产破坏和其他类型的损失。小型灾害事件,如小型洪水、龙卷风、滑坡、雷击或地震,可能造成局部的破坏,造成少数人受伤或死亡,破坏有限数量的建筑物。相比之下,飓风和热带气旋、中强地震、大规模火山爆发、海啸、特大洪水和干旱等大型事件可能造成数万人死亡,更多的人受伤。它们还可能造成重大的经济和社会破坏,造成直接损害和间接经济损失。

在21世纪,许多发达国家和发展中国家的灾害造成的损失急剧增加,使积极的风险管理变得比以往任何时候都更加重要。由于一系列重大自然灾害事件,世界旅游业遭受了严重损失[14]。以下简要列举过去20年影响旅游业表现的主要灾害事件,所有这些事件都引发了商业和消费者的不确定性,导致游客人数下降:2001年9月11日在美国发生的恐怖袭击事件;2003年的“非典”;2004年12月26日印度洋海啸;2005年8月美国“卡特里娜”飓风;2008年5月12日中国四川汶川地震;2010年1月12日海地地震;2011

年3月11日日本地震和海啸;2013年11月8日超强台风“海燕”过境菲律宾;2017年中国四川九寨沟地震;等等。

我国是世界上受自然灾害影响最严重的国家之一。从地域看,全国70%以上的城市、50%以上的人口分布在气象、地震、地质、海洋等自然灾害易发且风险较大的地区,全国98%的县级行政区不同程度遭受自然灾害影响,七成以上的县级行政区年均遭受2次以上自然灾害影响,近四成县级行政区年均受灾4次以上。分灾种看,“十二五”期间洪涝和地质灾害、台风灾害损失较重,死亡失踪人口、紧急转移安置人口、倒塌房屋数量和直接经济损失合计值均占自然灾害总损失的五至九成,远高于干旱、风雹、地震、低温雪灾等其他各类灾害。

随着自然灾害突发强度、频度和广度的不断增长,以防范为目的的灾害风险评估显得格外重要,自然灾害风险成为当代国际社会、学术界普遍关注的热点问题之一。第三届联合国世界减灾大会通过的《2015—2030年仙台减灾框架》,设立的全球七大减灾目标是“大幅减少全球灾难死亡率、大幅减少受影响的民众人数、减少与全球国内生产总值相关的经济损失、大幅减少灾害给关键基础设施带来的损失以及对基本服务的干扰、在2020年前增加制定国家和地方减灾战略的国家数目以及促进国际合作来增加获得多灾预警系统和减灾信息和评估的机会”,并将“理解灾害风险”作为四大优先行动事项之首进行强调,自然灾害风险研究已被公认是综合减灾和制定应急管理对策的基础和依据[15]。

1.2 景区自然灾害风险研究意义

1.2.1 科学意义

游客的主观能动性较强,其活动范围涉及点、线、面,由于旅游活动的空间移动与集中性、季节性特点,旅游景区的风险呈现动态演变的趋势。景区风险有别于以行政区为单位的面状风险,也不仅仅采用传统上利用指标体系赋值权重进行静态风险评估的方法体系,引入情景模拟,在具体的自然灾害仿真场景中,进行景区风险形成机制与动态调控模拟研究。景区自然灾害风险评估的理论与方法，开拓了景区自然灾害安全管理的新思路，最终计划实现的景区自然灾害风险评估标准化流程，对构建以"风险防范"为核心的安全管理、完备景区的自然灾害预案、保障景区公共安全与可持续发展具有一定的科学意义。

1.2.2 实践意义

旅游成为国民战略性支柱产业，景区时常因自然灾害的影响而遭受损失，人员的伤亡情况更加重影响景区的形象。高精度自然灾害风险评估作为景区预防灾害的重要基础性工作，通过全面分析景区自然灾害致险机制，构建适用于景区的自然灾害风险动态评估研究，准确评估出旅游地灾害时景区所处的高风险的点、线、面，在此基础上，开展防灾、减灾重点预警工作，可最大限度地降低景区救援功能紊乱与管理失效所造成的人员伤亡，优化自然灾害风险管理决策，为旅游高风险时代将要来临之际整个旅游地的可持续发展起到"保驾护航"的作用。因此，对景区自然灾害风险评估与管理研究具有重大的实践意义，具体体现在以下三个方面。

1. 保障游客安全

游客作为旅游市场的重要组成部分，其对旅游业的发展具有不可或缺的重要作用。景区在规划、开发和管理过程中，根据风险评估结果和管理建议，不仅要关注景区自身资源和产品的保护，更要注重游客的安全管理，做好应对自然灾害的安全防范和救援，形成连接事前、事中、事后这一完整过程的体系与保障，最大限度地保证游客的安全。安全得到保障，游客对景区产生极大的信任感，从而有利于提高游客的旅游体验感。

2. 保护旅游资源

旅游资源是发展旅游业必不可少的要素，然而近年来经济快速发展，严重破坏了自然环境，自然灾害频发，对景区旅游资源构成威胁。旅游业发展要严格树立和践行"绿水青山就是金山银山"的发展理念，像对待生命一样对待生态环境，实行严格的生态环境保护制度，进行自然灾害风险评估和管理，形成绿色发展方式和生活方式，为游客创造良好旅游环境，为生态安全做出贡献。

3. 维护景区形象,提升景区吸引力

全球变暖,各地极端天气频发,景区面临的自然灾害风险影响范围及程度发生了很大变化,但是,很多景区在运营过程中仍延续以往的管理模式,面对已经具有一定认知和防范意识的游客时不能提供高效、可行的应对措施,势必会影响旅游目的地形象。景区要时刻关注游客市场的变化并重视自然环境状态,根据自身资源以及市场需求开发产品、保证安全,并不断发展创新以保障景区的良好发展。对景区进行自然灾害风险研究,可以为景区和政府部门提供指导,有利于景区管理水平提高,从而提升景区旅游形象并促进旅游业可持续发展。

1.3 景区自然灾害风险研究进展

1.3.1 自然灾害风险研究进展

风险研究最早始于发达国家,经过多年发展,风险已在投资分析、金融市场分析、企业财务状况分析和工程运行等方面得到了深入研究与广泛应用并逐渐渗透到自然灾害领域[16—19]。作为自然灾害管理的关键环节,风险评估已经引起了国际社会的高度关注。早期自然灾害风险评估的研究主要集中在工程项目领域,研究内容主要是预测自然灾害发生的可能性。在第二次世界大战以后,自然灾害风险评估取得了一定程度的发展,尤其是20世纪60年代以来,随着一些交叉学科和边缘学科的兴起,自然灾害风险分析已逐渐发展成为以灾害模型、损失模型、承灾体密度模型和抗灾性能模型为基础的多学科交叉、多边缘性科学,其不仅仅注重自然灾害的研究,还将社会经济特性巧妙地融合进来,逐渐重视并强调自然灾害中的人文因素,取得了较好的效果[20]。相较于其他国家,美国在自然灾害风险方面的研究相对超前,早在1933年,美国在治理田纳西河流域时已开展了风险评估工作,开创了灾害风险评估的先例,1980年美国风险分析协会的成立标志着风险评估在发达国家已经得到广泛的发展。格奥尔基(Gheorghe,2000)在阐述新技术对风险评估有重要作用的基础上,进一步提出了综合风险评估和管理的理论框架[21]。Pagliacci(2019)等以意大利农业食品部门作为案例并考虑市级数据,采用多风险和多重暴露方法对其进行风险评估[22]。国际上也实施了具有重要影响的全球性灾害研究计划,如联合国发展计划署(UNDP)与联合国环境规划署(UNEP)联合实施的“灾害风险指标(DRI)”计划[23]、美国哥伦比亚大学和预测联盟(Provention)共同完成的“自然灾害风险热点(Disaster Risk Hotspots)”、阿诺德(Arnold,2006)[24]和美洲发展银行(IADB)实施的“美洲计划”[23]。目前,预测联盟与联合国发展计划署(UNDP)正启动“全球风险辨识计划(GRIP)”,这是一个全球性评估、辨识和分析的灾害风险和损失计划,目标是为降低灾害风险的决策提供信息,该项目中进行灾害风险评估时广泛使用的情景模拟方法在国际上已相当成熟[25],该方法在水灾研究中应用最多,也最成熟[26],滑坡、泥石流等地质灾害的情景分析也有所涉及。

相较于国外,我国开展自然灾害风险评估研究工作较晚,始于20世纪50年代,灾种以地震、洪涝、干旱等为主。20世纪80年代开始,在“国际减轻自然灾害十年”背景下,国内众多学者愈加重视防灾减灾研究工作并全面展开了自然灾害评估研究工作,取得了相当丰富的成果,加深了我国自然灾害的研究。到了20世纪90年代以后,灾害风险研究工作开始快速发展。黄崇福(1998)对自然灾害风险评价理论进行了系统的归纳与总结[27],苏桂武(2003)提出了自然灾害风险评估的分析要素[28]。葛全胜(2008)根据洪水到达时间、洪水最大流速、洪水淹没历时、洪水淹没水深等因子的空间差异,区分出不同地域的洪灾危险性[29]。史培军(2006)团队对滑坡、泥石流、台风和城市内涝等主要的自然灾害进行了风险评估,建立了城市自然灾害脆弱性指数和强度指数,并将中国城市分为五种风险等级,编制了中国城市自然灾害风险评估图[30]。许世远(2010)等着重对我国沿海城市的自然灾害进行了探讨研究,并倡导积极开展自然灾害风险评估实证区的研究[31]。胡蓓蓓、王军(2012)等利用MIKE等模型对沿海城市的风暴潮进行了模拟[32],殷杰着重对海平面上升背景下沿海地区的风暴潮灾害进行了仿真模拟[32]。石勇(2013,2014,2015)根据上海市暴雨内涝积水分布的实际情景,利用GIS技术进行空间展布,得到道路、居民住宅等承灾体的风险分布图,为确定防灾减灾的重点区域和重点保护对象、实现城市可持续发展提供科学的依据[33—35]。总结归纳当前国内外相关研究,将自然灾害风险评估方法分为以

下三种类型:①基于历史灾情数理统计分析的灾害风险评估;②基于指标体系的自然灾害风险评估;③基于情景模拟分析的自然灾害风险评估。其中,史培军(2006)认为,基于情景模拟的风险评估能够直观、实时、动态地反映灾害事件的影响范围和程度,能够高精度地展示灾害风险的空间分布特征和造成的负面影响,使得风险研究逐渐从定性转向定量,方法从宏观地关注成因及后果发展为注重微观形成机理及动态演变,并且越来越重视人类与灾害之间的互馈机制以及人的主观能动性在风险管控中的作用[30]。情景模拟方法非常适用于基于游客视角开展自然灾害风险评估的动态研究。

国外在自然灾害风险领域研究较早,已对自然灾害风险做了大量的研究,其内容涵盖了自然灾害风险的概念、类型、特征、感知、决策、评估和管理等,研究尺度多样。而国内主要研究自然灾害风险评估方法与模型。同时,国际学者针对多灾种和多承灾体的自然灾害综合风险评估进行大量研究,如世界银行发起的自然灾害风险热点地区研究计划。而国内学者关于自然灾害风险评估研究主要侧重于单灾种。国外在对生态安全研究的过程中发现其与多灾种自然灾害联系较为紧密,生态安全受自然灾害的影响较大,但是目前关于生态安全与自然灾害一起研究的文献还很少。国内外灾害风险研究内容的不断完善,为中国景区灾害风险研究打下了良好的基础:①不断丰富自然灾害风险的研究内容。借鉴国外经验,全面掌握景区可能面临的风险,保障景区的可持续发展。②综合灾种和承灾体的风险研究。有时某种自然灾害的发生可能会诱发次生灾害,并进而威胁财产、生命等安全,这就要求景区实时关注各种大数据,保证工作的正常运行。可以从各类灾害风险的评估方法与管理模式上获取科学范式的借鉴,通过经验应用于具体景区并进行改造与创新来适应景区安全保护。

1.3.2 旅游安全研究进展

20 世纪 70 年代,国外旅游安全研究开始出现萌芽,犯罪等社会不安全因素对旅游的影响是人们最初的关注点;到 90 年代后期,印尼的巴厘岛爆炸案等针对旅游者的恐怖袭击和犯罪现象不断增多,旅游安全引起广泛的社会关注。旅游研究者们开始从各种视角对旅游安全展开深入研究。国外旅游安全研究主要集中于特定事件与旅游的关系及对旅游的影响,如恐怖主义、战争、犯罪、政治不稳定、自然灾害等。这类事件难以预测,发生频率较低,影响程度较深,如凯恩(Cain,2001)讨论了对旅游安全的忽视会对当地和区域经济产生负面影响[36]。凯拉夫·巴特拉伊(Keshav Bhattarai,2005)分析了尼泊尔旅游业面临的种种障碍:地理位置、政局动荡和社会不发达状态等,并提出一种可行的旅游发展模式[37]。约埃尔(Yoel,2005)通过研究美国“9·11”恐怖袭击事件,阐述了旅游安全、恐怖主义与媒体的关系[38]。世界银行(World Bank,2003)分析了巴厘岛旅游业的脆弱性,对巴厘岛惨案所造成的影响和恢复措施做了考察。随着近年来全球气候变暖带来的连锁反应,2003 年世界旅游组织召开了第一届气候变化与旅游国际大会,人们开始关注气候与旅游业的关系。休斯(Hughes,2018)指出,澳大利亚最重要的旅游目的地受到气候变化的影响将在未来几十年加速,在 2016—2017 年创纪录的海洋高温下,澳大利亚的大堡礁出现了人类有记录以来最严重的珊瑚礁系统白化;乌鲁鲁—卡塔丘塔国家公园和澳大利亚内陆的其他旅游景点也面临着日益严重的酷热和缺水问题[39]。旅游安全理论方面,福克纳(Faulkner,2001)建立了一个用来分析和制定旅游灾难管理策略的一般模型,包括一系列有效的旅游灾难管理计划和原则,以澳大利亚为例来验证和完善此模型[40]。此外,还出现了一些旅游安全方面的专著:迈克尔·霍尔(Michael C. Hall,2012)对旅游安全的发展历程做了相关介绍,并从危机管理、旅游者的安全意识和旅游行为以及安全事故对旅游目的地的影响这三个角度分别阐述了安全与旅游之间的关系[41]。维纳伊·乔汉(Vinay Chauhan,2007)就克什米尔(Kashmir)的安全问题提出了旅游安全对塑造旅游目的地形象的影响[42]。最后,在研究方法方面,哈姆斯·林达尔(Harms Ringdahl,2004)介绍了安全研究的三种方法,即事故调查、风险分析和安全管理系统及三者之间的区别与联系等[43]。

国内学者对旅游安全问题的关注与研究集中体现在近 30 年来出版的专著和发表的论文中。国内旅游安全学科体系已经初步形成,以华侨大学郑向敏为首的《旅游安全学》系列专著与教材为代表,其研究体系包括旅游安全理论研究、旅游安全现象研究与旅游安全管理研究三大系统。①旅游安全基础理论研究。张进福、郑向敏在此领域成果较多,试图从学科理论层面和行业实践层面建构旅游安全的研究框架,把学科理论层面细分为基础概

念体系、影响研究、表现形态、时空特征、评价指标体系与安全管理模式、学科建构六个方面[44]。之后旅游安全的专著(《旅游安全学》)的问世,意味着关于旅游安全的基础研究从零散性走向系统化[45]。2003 年的"非典"疫情对旅游业的冲击,引起了学界对旅游危机的关注。2005 年《旅游危机管理》一书结合 2003 年的"非典"系统地介绍了旅游危机管理的基础理论及危机防范措施[46]。②旅游安全实证研究。以典型旅游目的地为例,对某类型的旅游安全问题进行研究,如户外自助旅游安全研究、岛屿旅游安全因素的研究、乡村旅游事故原因研究、山地旅游安全应急救援研究,地质公园类型景区旅游安全研究等[47—52]。③旅游安全管理研究。国内文献主要是从现状结构和管理体系构建等方面着手的。张进福(2001)从宏观管理法规、安全管理机构、安全配套设施、安全管理范畴和旅游管理部门安全认知五个方面对我国旅游安全管理体系现状进行了分析[44]。赵士德(2008)认为,旅游行业安全管理意识淡薄、旅游行政主管部门监管不力、设备设施落后是普遍存在的情况[53]。在管理体系的构建上,林香民等(2005)基于 ArcIMS 提出了包括灾前防范系统、灾时抗灾系统以及灾后评估善后系统等三大部分的设计思路[54]。陆燕春(2008)则建议形成个人、企业、非政府组织、政府等多种主体协同治理,由"风险管理评估、风险战略管理和风险管理信息反馈"三个环节组成的政策网络[55]。

1.3.3 旅游风险研究进展

人类已经进入风险社会。近年来,人们对安全与灾害管理的认识已出现新的变化,即强调由"减轻灾害"转向"灾害风险监管"。在新的风险理念指引下,社会各行业、各领域对风险关注和研究逐渐增多,而旅游风险研究侧重于游客风险和旅游地风险研究两个方面,其中游客的风险,是旅游产业可持续发展的重中之重[56]。

20 世纪 70 年代兴起的旅游安全研究是旅游风险研究的雏形。1990 年后,旅游风险才开始进入社会关注的视野。

国内旅游风险研究起步较晚,早期主要是对旅游企业经营风险进行分析,直到 2003 年"非典"爆发,对国内的旅游业造成了致命的威胁,国内学者才开始关注旅游风险的研究。

1.3.3.1 游客风险研究进展

国外学者对游客风险的研究起步于20世纪60年代，经过不断地研究扩展，现已取得显著的成果。国外游客安全风险评价研究侧重于四个方面[56]：①游客风险感知研究。游客的主观安全意识直接影响到游客的风险水平和应对能力，进而影响游客的决策行为。国外学者对游客风险意识的影响因素、风险类型和应用价值进行了实证研究。富克斯（Fuchs，2011）强调了降低游客的感知风险是旅游地减轻经营风险的重要手段[57]。翁振益与叶青（Jehn—Yih Wong & Ching Yeh，2009）基于504位游客调查数据的结构方程模型，探讨了游客风险感知与游客的知识和游客消费之间的关系[58]。森梅兹（Sönmez，1998）认为国际旅游态度、风险感知水平和收入水平直接影响国际度假目的地选择，旅游经历和教育起到间接影响的作用[59]。②游客安全事故成因研究。本特利（Bentley，2001）从经营者角度用调查问卷的形式，对游客安全因素进行界定[60]。莱普（Lepp，2008）从290个美国青年调查发现的数据中，得到以下观点：寻求刺激和追求新奇是人的特质，它与旅游的行为相关联，个人的性格特征会影响旅游方式和目的地的选择，从而影响到游客安全事故的发生[61]。③游客风险评估研究。本特利（Bentley，2008）等认为政府应当对旅游资源进行风险等级评价[62]。④游客风险评估方法。曹胜雄（Sheng—Hshiung，1997）等用层次分析法确定权重值[63]。此外有些专家采用事件研究法和CGE（可计算一般均衡研究法）研究风险因素对旅游业的影响。艾琳·彼得罗西洛（Irene Petrosillo，2010）通过调查法，并运用一个简单的环境风险评估模型，评估与旅游港口相关的主观和客观的环境风险，并提供估算的环境安全结果。结果中突出了一个大众常识性的风险认知与风险结果的不相匹配，部分老的港口要比新港口危险[64]。

虽然国内游客风险评价研究起步晚，还处于初级阶段，但也已在上面几个方面有所涉及：①游客风险感知研究。吴必虎（2001）、范向丽（2007）、刘鲁（2018）等学者分别研究中国大学生阶层、女性旅游者、背包旅游者等特殊旅游群体风险感知情况[65—67]。秦礼敬（2013）等人认为，游客对旅游安全的主观认识或游客的旅游风险感知是影响旅游决策的主要因素，并发现旅游六环节是游客认知的主要因素[68]。姚晓英等（2013）认为游客偏向选择安全性较高的团体出游，游客安全知识与行为意愿之间存在显著的正相关关

系[69]。廖斌斌(2013)认为游客的安全认知度不高是造成安全事故的主要原因之一,并认为独自一人旅游最不安全[70]。陈永昶(2011)构建结构方程模型研究导游与游客之间的交互质量对游客风险感知的作用机制,结果表明制定严格的规章制度提升导游的服务质量进而可以降低游客的风险感知程度[71]。②游客安全事故成因研究。张西林(2003)参考了事故因果连锁理论与轨迹交叉理论中的观点,并认为游客安全事故的发生必须同时具备三个要素:游客行为、环境和行为在同一时空轨迹交叉[72]。肖爱连等(2009)应用这一理论,构建了旅游线路安全事故成因分析模型[73]。李巧玲等(2006)认为游客在旅游活动中的一些不文明的行为也会成为事故隐患[74]。邹永广(2014)以“驴友”旅游过程为主线剖析安全事故的形成机理,最后归纳为四个维度影响因素:个人因素、机械设备因素、环境因素、管理因素[75]。秦志英(2004)则从旅游风险源的视角进行了初步尝试[76]。③游客风险评价研究。由于起步较晚,相关论文比较少,在《中国知网》搜到极少相关文章:席建超等(2007、2012)运用模糊综合评判方法、安全风险灰色关联评估模式对国内10条重点探险旅游线路和青藏铁路沿线的游客风险进行评估[56,77],张俊(2014)运用均值法和因子评价法,初步构建了基于游客认知视角下的旅游地安全风险评价体系[78]。周丽君(2012)运用自然灾害风险理论,将游客安全风险事故看作是危险性、暴露、脆弱性和防灾减灾能力的综合运用,分析其形成机制并用图来表示[79]。

1.3.3.2 旅游风险管理研究进展

第一次工业革命以来,随着人类社会经济的发展与科技的进步,人们认识世界、改造世界的能力不断提升。在当今社会,人们在享受科技带来便利的同时,对自然环境也造成了难以恢复的伤害。随着资源的过分利用、环境的污染,全球气候开始变暖,各种自然灾害造成的损失与日俱增,人们对灾害风险管理的认识也发生了很大转变。长期以来,灾害管理(disaster management)的工作重点是危机管理(crisis management),以“救灾”为主,强调灾后的救济和恢复,因此,灾害管理总是从“一个灾害走向另一个灾害”,很少降低灾害风险[80]。进入21世纪以来,接连发生的印度洋海啸、美国“卡特里娜”飓风、孟加拉强热带风暴、中国汶川大地震、日本大地震、台风“海燕”等一系列重大自然灾难给人类生命和财产造成了巨大损失,也极大地打击了全球旅游业的发展。人们不禁思考，如何运用先进的科学技术和手段加强灾害风险的预测、管理，增强防灾减灾行动宣传、教育与培训，做好灾前的预防和准备，特别是提高决策者对减灾措施，以及相关制度与政策作用与价值的认知。人们的关注重点也逐渐从灾害响应与恢复向风险管理和降低灾害风险转变，这成为目前风险管理的主导思想。1995 年，世界旅游组织（UNWTO）在瑞典厄斯特松德召开的旅游安全与风险国际会议（Talk at the Top：International Conferenceon Tourism Security and Risk）标志着国际旅游风险管理研究的起步。之后，世界旅游组织在《游客安全与保障——目的地之实用措施》（2003）一书中，将旅游业管理牵涉的风险归纳为制度环境风险、旅游业及相关部门风险、个体旅游者风险及自然环境风险四项。亚太旅游协会（PATA）可持续发展旅游中心在 2003 年印尼巴厘岛召开的工作组会议上发布《旅游风险管理指南》[81]。2005 年，亚太经合组织成员国旅游管理决策者于韩国釜山召开 APEC 旅游论坛，重点讨论了自然灾害等类别旅游风险的管理。《加勒比旅游灾害风险管理战略》（2008）构建了灾害风险管理策略[82]。澳大利亚紧急应急管理中心在 2009 年确定了风险管理矩阵 ISO 31000—2009[83]。亚太旅游协会（2011）确定了风险管理的六个功能：识别、计划、追踪、控制、处理、交流[84]。

联合国环境规划署认为旅游目的地风险管理可分为两个层次，即旅游目的地（当地社区）层次和旅游者层次。2015 年，在日本仙台举办的联合国“减少灾害风险”会议为 2015 年后应对旅游灾害风险提供了建议[15]。乌拉尔（Ural，2016）指出，旅游业既要参与风险管理，又要参与灾害风险的识别、分析、评价、处理、监测和评估旅游目的地风险的过程[85]。2016 年，澳大利亚旅游经营者委员会（CATO）汇总了旅游企业常见的风险类型，并指出危机和风险管理是旅游和酒店管理的一个重要组成部分[86]。2017 年，伊斯兰合作组织（COMCEC）认为，有效的风险管理可以防止问题演变成危机，同时，旅游企业及目的地政府对风险缺乏理解和管理可能导致危机局面[87]。奥奇斯汀（Orchiston，2012）、巴肯（Becken，2013）、源（Nguyen，2016）、休斯（Hughes，2018）等针对具体的案例地（如新西兰、澳大利亚、日本松岛）提出管理者和地方政府的风险管理方案[39,88—90]；普里多（Prideaux，2004）等认为传统旅游趋势预测存在弊端，当前旅游业还没有利用新发展起来的风险管

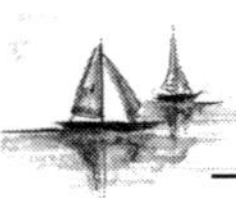

理新技术（手段）去应对灾害和危机，将来的旅游风险预测应该把风险的分类、辨识与评估、管理结合起来[91]。亚里山德拉基斯（Alexandrakis，2015）评估了海滩侵蚀对旅游收入的影响[92]。李峰（2006）运用旅游本底线法分析评估了“非典”对我国入境旅游造成的影响[93]。叶欣梁、温家洪等（2014）模拟了当九寨沟遭遇不同等级的暴雨情景下泥石流的流速、流量和冲击力，预测了潜在损失和人员伤亡[94]。莱普（Lepp，2003）、查克拉博蒂（Chakraborty，2009）、富克斯（Fuchs，2011）、登（Deng，2018）都强调降低游客的感知风险是旅游地减轻经营风险的重要手段[57,95—97]。

随着旅游风险研究的纵深发展，学者们开始关注目的地的灾后恢复能力，弹性（恢复力）是旅游风险管理中的一个重要指标，是指一个系统降低其危机发生的可能性，或在危机或灾难发生时迅速恢复的能力。伯吉斯（Burgess，2015）指出，在旅游领域，弹性是指在旅游组织不失去其基本结构和功能的前提下，随着时间的推移应对和适应变化的能力[98]。福克纳（Faulkner，2001）提出了一个六阶段框架来理解危机和利益相关者的必要反应，后人将其称为“福克纳旅游灾害管理框架（Faulkner's Tourism Disaster Management Framework）”[40]。科克拉内（Cochrane，2010）将弹性理论引入旅游业中，进一步发展了福克纳的理论[99]。奥克斯汀（Orchiston，2016）考察了旅游部门的组织弹性[100]，比格斯（Biggs，2012）测算了正规和非正规旅游企业对灾害的弹性[101]，达尔和苏西洛瓦蒂（（Dahles & Susilowati，2015）研究了当地旅游企业如何在不可预测的商业环境中建立弹性[102]。麦克马纳斯（McManus，2008）解释说，企业弹性被视为金融资本、社会资本等其他资本的组合，这种能力使企业能够履行向消费者提供产品或服务的核心职能[103]。

综上所述，虽然国内外已经相继形成了较为成熟的自然灾害风险评估的理论、方法范式，在旅游安全及旅游风险管理等方面取得了一定的成果，但结合具体自然灾害情景进行的景区风险形成机制和动态调控模拟方面的研究，还处于初级探索阶段，主要表现是理论基础薄弱、方法较为单一、代表性实证和应用案例研究较少，难以满足当前高风险的旅游业风险管理和目的地可持续发展的迫切需求。随着自然灾害造成的损失日益加大，以及旅游业全域化和大众化发展，自然灾害情景下景区风险的形成机制与动态演化特征需要进一步深入研究。因此，有必要将风险评估的相关理论方法，系统性地引入到旅游行业。通过聚焦高风险的景区,充分借鉴国外已有风险情景分析工具,结合现代遥感解译技术,开展自然灾害情景下景区风险的形成机制与动态调控模拟研究,是构建景区自然灾害风险评估范式的必要途径,为完善我国景区自然灾害风险评估与管理体系提供坚实的理论基础和科学依据。

1.4 景区自然灾害风险内涵

1.4.1 灾害、自然灾害

1. 灾害

目前已有的关于灾害的定义达数十种之多,相关的认识虽有相似,却并非完全统一。在英文中,灾害通常用 disaster 表示。亚太旅游协会(PATA)认为灾害包含三个要素:对社区的破坏、相应的组织和资源不堪重负、没有外部援助就无法恢复正常。对这一概念,亚太旅游协会进一步解释为,灾害一旦发生,会严重危及当地社区生活,对居民财产造成威胁,造成该社区居民受伤或死亡,同时应对灾害超出相关机构日常拥有的能力,需要特别调动和组织当地政府日常所不能调动的资源。灾害对人们的生命财产安全和城市及乡村基础设施产生重大不良影响,从而对旅游设施、旅游业运营和来访人数造成重大影响,导致包括饭店、旅游景区等旅游企业也将受到影响。位于曼谷的亚洲防灾中心(ADPC)将灾害定义为“严重影响社会正常运作,造成广泛的人员、原料或环境损失,超出所影响社会运用自身资源加以处理能力的事件”。在该中心的灾害管理者手册中,灾害被定义为“自然或人为的,突发或渐进的,其产生的严重不良影响要求社会必须采取非常规措施进行应对的事件”[104]。世界卫生组织(WHO)对灾害的定义是:任何造成身体损伤、经济损失、威胁生命以及健康和医疗服务恶化,且规模足以导致有关地区或地区以外特殊反应的事件。

以上定义和其他灾害定义的共同点是,都承认由于遭受巨大破坏,有关组织、基础设施和资源,在没有外部援助的情况下,无法恢复正常。

无论使用哪种定义,必须认识到灾害的种类和范围与日常紧急事件不

同。灾害并不一定是规模较大的事件；灾害的发生对人员、基础设施、社会资源产生重大影响；社区是无法单独应对灾害的；在灾害发生时，管理部门在未准备情况下所能提供的资源和设施也是不够的；灾害也会产生长期的恢复问题。

2. 自然灾害

灾害的范围很广，不但包括洪水、地震等天灾，也包括矿难、空难、恐怖袭击等人祸。但是随着科技的进步，人们改造自然的能力逐步增强，天灾和人祸呈现同一化趋势，近年来的全球变暖趋势就是两者合一的典型。自然灾害(natural disaster)是灾害的一种具体类型，是地球灾害因素、灾害体、表面环境共同作用下的产物，是在自然环境和人类社会无法控制和承受的背景下，危及社会和谐、人类发展的事件。《国家自然灾害救助应急预案》指出，自然灾害是指包括洪水、地震、干旱、台风等，给人类生存带来巨大威胁的自然现象及危害人类生存的自然灾害或重大生物灾害。胡(Huan,2007)认为自然灾害是指“突发或逐渐的事件，严重受影响的社区必须通过采取特殊措施来应对”[105]。马宗晋(1990)认为自然灾害是由自然变异而产生的，表现为自然态的灾害，包括地震、台风等[106]。

1.4.2 风险、灾害风险、旅游风险

1. 风险

加拿大特许会计师协会对风险进行了开创性研究，将其定义为“一个或多个个人或组织可能遇到事件或情况的不利后果”。澳大利亚旅游经营者协会(CATO)认为，风险本质上是指负面事件发生的可能性或概率，以及负面事件给旅游企业或目的地带来的损失，有时这种损失可以通过数字来衡量[86]。阿农(Anon,2009)将风险定义为“危机转变为灾害的可能性。拉瓦尔(Raval,2007)认为风险可以被视为一个人、一个群体、一个组织、一个系统或一种资源的潜在损失或伤害[4]。

风险是指潜在的损失，既包括负面的后果，即破坏的损失；也包括事件发生的概率。人们经常用公式 1-1 来表示此种含义的风险：

$$\text{Risk} = \text{Probability} \times \text{Consequence} \quad (\text{公式 } 1\text{-}1)$$

2. 灾害风险

灾害风险是指在未来某一时段范围内，特定社区或社会面临灾害可能发生的生命、健康状况、生计、资产和服务系统等潜在损失。灾害风险的描述，需从给定时间段内，结合具体致灾事件场景及其发生的概率或可能性，以及造成的负面后果等方面进行描述。一个危险事件的影响取决于暴露（如人口或建筑物）和其相关的脆弱性，以及事件本身的强度和发生概率。灾害风险是致灾事件、暴露、脆弱性三个要素综合的结果，可表达为：

$$\text{Risk} = \text{Hazard} \times \text{Expose} \times \text{Vulnerablity} \quad \text{（公式 1-2）}$$

3. 旅游风险

同旅游灾害类似，旅游风险目前在国内外也没有准确的界定。其原因部分在于旅游（tourism）一词本身含义的模糊，它既有旅游观光活动之意，又可解释为旅游业。里奇（Ritchie，2014）等指出，人为的旅游风险将增加自然灾害发生的可能性或强度，并可能影响诸如饭店业、交通业、旅游社业等传统旅游行业及其子行业。多夫和拜尔斯（Dorf & Byers，2008）将旅游风险定义为旅游者损失的机会或可能性，并认为这种损失包括身体损伤、名誉损失及财务损失。曹胜雄（1997）等认为旅游风险是旅游者在旅途中或旅游目的地遭受各种不幸的可能性，其程度取决于交通工具的使用、目的地提供的设施和活动、习俗及环境等因素[63]。本书认为，为了不造成理解上的歧义，应当明确旅游风险就是指旅游行业的风险，而旅游活动中的风险则应通称为出游风险或是游客安全风险。

旅游风险的分类是该领域研究的重点。多夫和拜尔斯（Dorf & Byers，2008）认为旅游风险可分为：①身体风险如抢劫、犯罪；交通风险如空难、劫机；②自然风险如地震、海啸；③经济风险如旅游社倒闭、货币紧缩；④政治风险如社会骚乱、政府更迭、恐怖主义；⑤健康风险如艾滋病、疟疾、非典、禽流感等。

萨伊曼和斯尼曼（Saayman & Snyman，2005）认为旅游行业的风险可以分为内部风险和外部风险（即国内风险和国际风险）[114]：①内部风险包括犯罪，以及目的地发生的各种运输风险。②外部风险包括自然灾害、劫机、恐怖主义、经济、政治和疾病，这些风险发生在目的地之外，但会影响到目的地的旅游。

根据世界旅游组织（UNWTO，2015）的说法，旅游风险主要有四个来源[115]：①旅游部门及相关商业部门不遵守合同，诈骗，卫生防护水平不足，火灾，地震；②旅游业以外的人文和体制环境（社会冲突、战争、恐怖主义、有组织犯罪、犯罪和人口贩运）；③个人风险（身体欠佳、犯罪、与当地居民发生冲突、前往危险地方、遗失金钱及文件等）；④来自环境的物理风险：自然、气候、流行病（接种疫苗、访问危险地区、在自然灾害和流行病期间暴露于危险之中）。

1.4.3　景区自然灾害风险、风险管理

1. 景区自然灾害风险

墨菲（Murphy，1989）等指出，相比人们的日常生活区域，自然灾害在旅游景区发生的频率更高，造成的伤害更大[116]，其部分原因在于自然景区多处频发自然灾害的高风险区域。同时，在自然景区发生灾难时，游客因为不熟悉当地的环境及主要的灾难类型和可以用来避免风险的资源，相比本地居民往往容易遭受更多身体上的伤害[110,111]。

景区，在我国国家标准中也称为“景点”、“旅游区”，在国家技术监督检验检疫总局2003年发布的《旅游区（点）质量等级的划分与评定标准》（GB/T 17775—2003）中，明确规定旅游区（景区）是指具有参观游览、休闲度假、康乐健身等功能，具备相应旅游服务设施并提供旅游服务的独立管理区。

参照前人的有关定义[146]，将景区自然灾害风险界定为由于暴露于自然灾害中，景区管辖范围内的游客、居民、管理人员、旅游资源（与环境）、生命线工程、软硬件设施等具备脆弱性的承灾体相互作用而导致的景区旅游业不同损失程度的可能性和程度。

2. 风险管理

巴尔萨、菲利普斯和哈格（Baltzan，Phillips，Haag，2009）将风险管理描述为一个持续的风险识别、分析和对风险因素做出反应的过程[117]。艾伦（Allen，1999）认为，风险管理是一个通过提前准备，可以自信地管理挑战和偏离预期结果行为的过程[118]。科兹纳（Kerzner，2001）定义的风险管理包括识别、评估和分析风险问题，以及对风险的发生进行规划，并包括开发一个具有监测风险和确定风险变化过程的管理系统[3]。旅游目的地和运营商应

开展旅游风险管理流程，以识别、分析、评估、处理和监控其旅游业务的风险，认为旅游风险管理是一个积极的过程，其目的是使旅游目的地或旅游企业、组织能够最大限度地减少损失并利用机会。

图 1-1 提供了风险管理流程概况，以两大授权活动（沟通与咨询、监控与评估）与五项基本活动（建立环境、确定风险、分析风险、评估风险、处理风险）为基础。

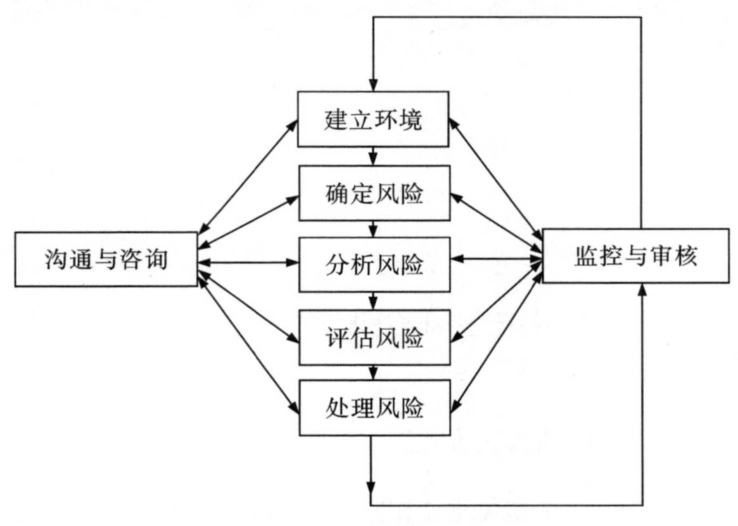

图 1-1 风险管理流程

（资料来源：澳大利亚风险管理，2004 年）

第二章

景区自然灾害系统理论体系

2.1 景区自然灾害风险系统

2.1.1 景区自然灾害系统

前面已经提到,灾害和灾难是相互联系并相互区别的两个概念。一般意义上,自然灾害并不等于灾难,它是一种自然现象,只有危及人类社会的正常发展时才会造成灾难。虽然中国的景区承担着包括弘扬与传播传统文化、提高居民幸福感、创造就业机会等多重目的,但是绝大多数景区仍是以盈利为目的,向市场提供商品或服务,实行自主经营、自负盈亏、独立核算的企业法人,因此一旦自然灾害在景区所在地及其周边地区发生,难免会对景区的正常经营造成危害。早期研究者着力于自然灾害本身的研究,期待通过理清致灾因子的形成机制、发生发展规律来减灾防灾,形成致灾因子论。然而,仅从致灾因子研究自然灾害,难以从根本上防灾减灾,事实也证明,单一致灾因子研究活动的开展、大量防灾减灾工程的建设,并没有减缓灾难越演越烈、损失越来越大的趋势。

随着全球气候变暖带来的连锁反应和城市化进程的发展,自然灾害发生的频率增加、危害扩大,对自然灾害的研究,从单纯的重视致灾因子到开始重视孕灾环境的变化,形成孕灾环境论。而后,人们逐渐把眼光从自然系统转到人类社会系统,开始注重自身对灾难产生的影响。实践证明,灾害能够造成多少损失,同暴露于灾害系统中的承灾体数量、价值、抵御灾害的能力、恢复的能力相关,形成承灾体论。此时的自然灾害风险评估基于对承灾体分类的基础上,进行承灾体暴露与脆弱性的分析与评价。

而后逐渐发展起来的灾害系统论(史培军,1999),将灾害(严格上应该称为"灾难")作为致灾因子、孕灾环境和承灾体共同作用的复杂系统来研究[126]。景区自然灾害的灾情是由致灾因子、孕灾环境、承灾体三者之间相互作用所决定的,其严重程度由致灾因子的可能性、孕灾环境的稳定性及承灾体的脆弱性共同影响。本书在研究中,沿袭了自然灾害系统论(图2-1),认为灾害系统是由孕灾环境、致灾因子和承灾体三者共同组成的地球表层变异系统。

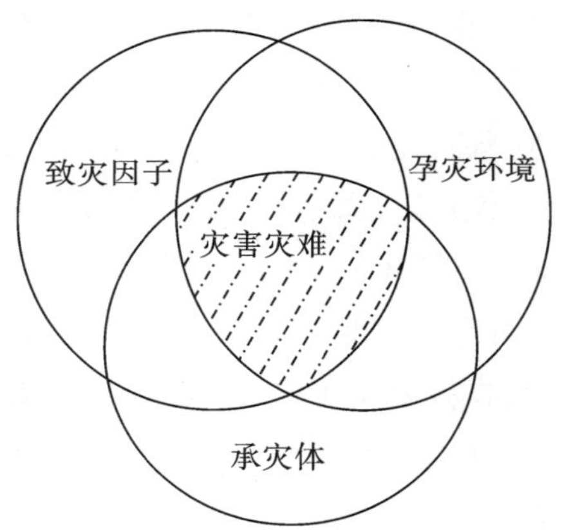

图2-1 自然灾害系统论

(1)致灾因子:自然系统或人为活动过程中可能造成财产损失、人员伤亡、资源受损、环境破坏、文化失根、社会系统紊乱等问题,对人类社会产生一定负面影响的异变因子,是灾难发生的根本原因,成为灾难形成的首要要素。

(2)孕灾环境:由大气圈、水圈、岩石圈、生物圈、人类活动圈所组成的综合地球表层环境,孕灾环境的稳定程度对致灾因子的形成、自然灾害的作用过程、灾情的最终发生等起决定性的作用,直接关系到自然灾害的发展趋势。

(3)承灾体:是指灾害危机的对象或承受灾害冲击的客体,包括人类本身在内的脆弱的物质及社会经济环境,因为暴露在自然灾害之下,自身抵御冲击的能力不够而成为深受灾害影响的承灾个体或者承灾系统。一般而言,承灾体是自然灾害的承受者,是灾害成为灾难的转化者。

2.1.2　景区自然灾害风险系统

景区自然灾害风险系统是由致灾因子的危险性、景区系统的暴露和承灾体的脆弱性三部分组成的。景区自然灾害风险是危险性、暴露、脆弱性三者相互作用的产物,其大小也由三者共同决定。景区自然灾害风险评估主要包括致灾因子危险性评估、承灾体脆弱性评估和暴露评估。

首先,自然灾害作为一种自然现象,自古以来就存在于地球之上,但其在不同的时间、不同的区域表现形式各有不同。景区所处的地理位置是影响其自然灾害发生的类型、频率的重要条件,如在中国的沿海地区风暴潮、海啸等自然灾害发生频率高、危害大,然而在中国的西部地区地震却是主要的灾害类型。这些致灾因子发生的地点、时间、频率、强度等,都是危险性特征,孕灾环境强化或弱化致灾因子,影响自然灾害对景区造成的威胁。

其次,自然灾害作用下的景区社会系统,包括游客、工作人员、社区居民、景区设施、旅游吸引物等承灾体的数量、组成、价值和分布,构成暴露。我们应当认识到,只有暴露在自然灾害过程中的承灾体才有可能因为自然灾害产生损失,暴露是灾害风险产生的直接原因。

最后,暴露在自然灾害中的各承灾个体(或系统)面对外在冲击的敏感性、应对冲击的能力和冲击结束后自我恢复的能力,反映承灾体面对自然灾害时易于受到伤害和遭受损失的性质,即脆弱性,是引起灾害风险的承灾体的本质属性。

2.1.3　景区自然灾害系统及景区自然灾害风险系统的关系

景区自然灾害系统与景区灾害风险系统是两个相互独立的系统,前者倾向于灾难本身,从构成灾难的必要条件、组成要素出发,研究景区自然灾害。后者倾向于风险,从“防患于未然”的景区及目的地管理视角,进行减灾防灾的相关研究。

景区自然灾害系统和景区灾害风险系统又是两个相互关联的系统，各元素之间存在一定的对应关系，你中有我，我又有你。本书用下图反映这种关系（图2-2）。由图可知，景区灾害风险系统中的危险性是由孕灾环境和致灾因子共同决定的，其中致灾因子包括我们常见的自然灾害类型，如台风、暴雨、风暴潮等，是触发因素；孕灾环境包括城市化、环境演变、气候变化等，可以对致灾因子起到加强或减缓的作用；暴露是承灾体暴露在致灾因子及孕灾环境下显示的属性，反映外界冲击对承灾体或系统的具体影响；脆弱性是承灾体自身的属性，衡量在自然灾害发生后，景区系统暴露在外界一定冲击之下的具体承灾体或系统的受损程度。

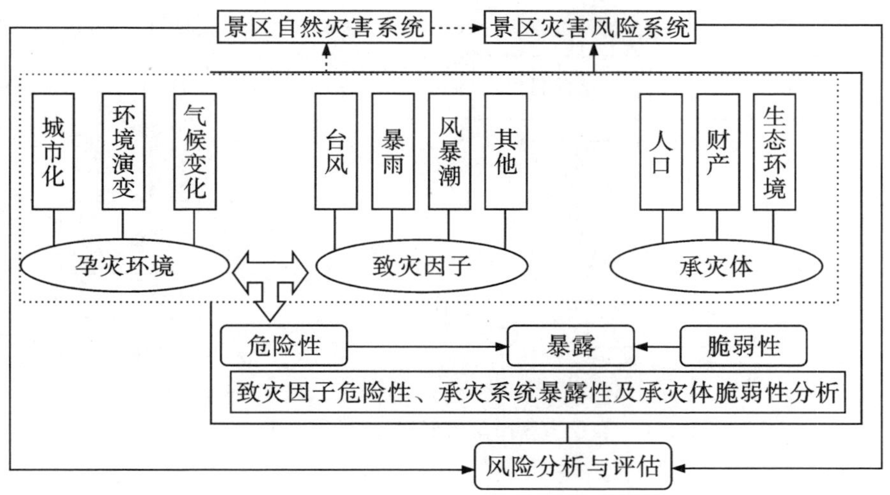

图2-2 景区自然灾害系统与景区灾害风险系统的关系

2.1.4 景区自然灾害风险形成机理

由自然灾害风险的形成过程（图2-3）可知，景区自然灾害风险是由景区系统的暴露、危险性、脆弱性三者共同决定的。脆弱性包括个体脆弱性和社会脆弱性，社会脆弱性又可以进一步分为敏感性、应对能力和恢复力，极端事件发生是否在景区的应对范围之内决定了景区系统是否会产生潜在损失即风险。景区自然灾害风险的形成过程如下：当极端事件即自然灾害发生时，如果自然灾害的破坏力在景区应对自然灾害的防御能力范围之内，只是一场紧急事件，如果不在防御能力范围之内，自然灾害就会对景区造成一定的负面影响，暴露在灾害冲击之下的承灾体由于自身及社会经济环境的脆弱性，最终产生损失，成为灾难。由此产生的不同概率事件的损失分布，即为景区自然灾害风险。

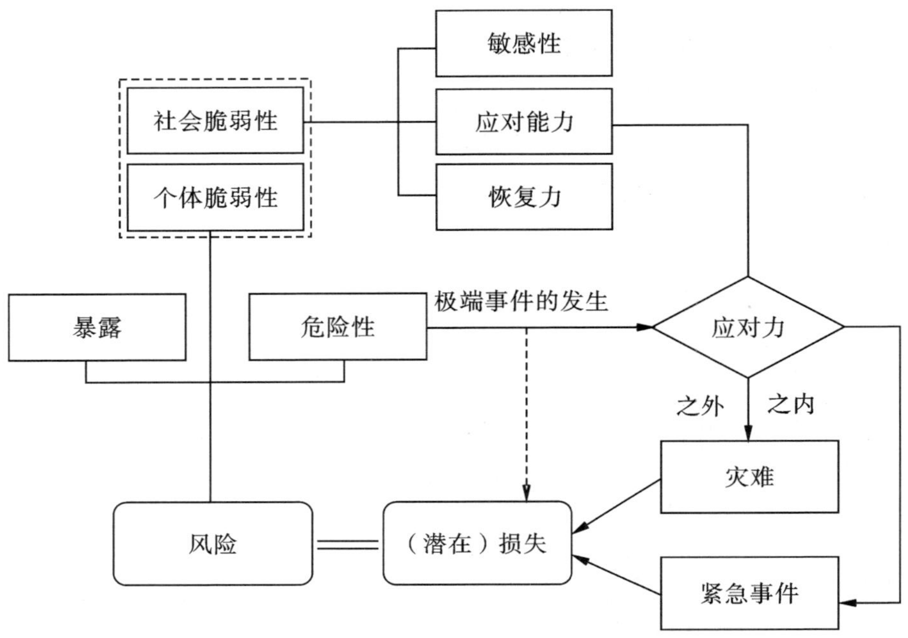

图 2-3　自然灾害风险的形成过程（颜建平，2008）

2.2　景区自然灾害系统的风险要素

2.2.1　景区致灾因子的危险性

景区致灾因子的概念范围庞大，涉及类型繁多，从不同因素考虑，可以有许多不同分类方法。许多研究尝试对致灾因子进行分类，其中较为典型的是把致灾因子分成三大类，即自然、技术和环境致灾因子。自然致灾因子通常可分为气象（如暴雨、热带气旋、温带气旋、极端气温等）、气候（如厄尔尼诺、拉尼娜、海平面上升、干旱、野火）、水文（如江河洪水、山洪、内涝、海岸

洪水等)、地质(如地震、泥石流、滑坡、雪崩、地面沉降等)、生物(虫害、流行流、赤潮等)。然而目前还没有建立起明确、公认的分类系统。以滑坡为例,按照大多数分类方法,它属于地质致灾因子的范畴,但是有人认为属于水文致灾因子,因为多数情况下它是由降雨引起,此外还可能由地震或者人类活动引起。

2012 年,我国国家质量监督检验检疫总局和国家标准化管理委员会共同制定和发布由民政部国家减灾中心牵头起草的《自然灾害分类与代码》国家标准(GB/T 28921—2012),对我国自然灾害种类进行了系统划分和界定,以推动自然灾害风险管理、应急管理和恢复重建管理工作的规范化和标准化。该标准按照成因把自然灾害分为气象水文灾害、地质地震灾害、海洋灾害、生物灾害和生态环境灾害 5 大类 39 种。

景区致灾因子的危险性衡量包括四个重要方面:

(1)可以表达为一种概率。即未来事件发生的可能性。发生概率越低的致灾因子危险性一般越高,发生概率较高的致灾因子,危险性一般在景区可以承受的范围内。

(2)需要限定于特定的时间段。致灾事件发生的可能性通常以年为单位,可以表述为年发生概率(annual probability)。如果没有时间段限制,概率表达将没有任何意义。此外,人们往往关心的是在即将到来的今后若干年致灾事件发生的概率,例如,2012 年日本内阁府地震专家委员会预测,未来 10 年内日本南海地震(the Nankai Trough Megathrust Earthquake)发生概率为 10 ~20% ,30 年内达到 60% ,50 年内达到 90% ,地震震级达到 8.4 级左右。

(3)需要限定于特定区域。地震发生在断层区域,洪水发生在洪积平原,滑坡发生在陡坡区域。特定的地理位置是构成致灾事件发生的重要条件。景区的范围与自然致灾因子发生的范围不见得一致。

(4)具备一定的量级和强度。致灾因子必须具有一定的量级和强度才会造成人员伤亡和财产损失。量级可以表示为地震或者火山爆发释放的能量,洪水水位、流量、流速,滑坡的面积、体积、速度等。很显然,事件释放的能量越大,其潜在破坏性就越大。

2.2.2 景区承灾体的暴露

景区自然灾害暴露是景区自然灾害风险系统中的重要组成部分。据报

道,在过去几十年中,风险暴露呈上升趋势,导致全球风险总体上有所增加,需要更好地量化趋势,以便能够采取降低风险的措施。正如《仙台减少灾害风险框架》(联合国国际减灾战略 United Nations International Strategy for Disaster Reduction,简称 UNISDR,2015b)所强调的那样,制定降低灾害风险的政策和行动需要特别注意理解暴露:"灾害风险管理的政策和做法应基于对脆弱性、能力、人员以及资产暴露、危险特性和环境等各个方面的灾害风险的理解[15]。这些知识可以用于灾前风险评估,预防和缓解以及制定和实施适当的灾害准备和有效应对。"

景区自然灾害暴露是景区自然灾害风险必要但不充分的决定因素,是指景区处于潜在损失风险或可能遭受危害影响损害的人员和资产。它涵盖了几个方面,如物理(旅游吸引物和景区基础设施)、社会(例如游客、景区工作人员和当地居民)和旅游经营活动等方面。

现有的暴露数据库通常是针对特定危险(地震、洪水和飓风)、特定部门(基础设施和经济)或特定目标(社会、生态系统和文化)。它们通常是静态的,提供了基本情况的一次性视图,并且不能轻易与脆弱性分析集成。

目前在欧盟和全球层面定义和测绘暴露的举措,主要为物理和人口暴露测绘开发的基于遥感的产品。还提出了基于概率模型的创新方法,用于生成动态暴露数据库,并提供了一些关于暴露研究优先领域的具体建议。暴露的更广泛方面,包括环境(例如生态系统服务)和农业(例如作物、供应链和基础设施),值得在今后深化讨论。

2.2.2.1 暴露的景区

根据中华人民共和国文化和旅游部资源开发司联合中国科学院地理科学与资源研究所旅游研究与规划设计中心最新发布的《中国旅游景区发展报告(2019—2020)》,目前全国景区数量 12 402 家,按照不同等级,5A、4A、3A、2A、1A 分别为 280 家、3720 家、6198 家、2101 家和 103 家,按照不同种类,自然生态类 4507 家(森林草原 1203、水域景观 1563、地质地貌 1741)、历史文化类 4123 家(古村古镇 592、文化遗迹 1332、文博院馆 966、红色旅游 760、宗教文化 473)、现代游乐类 1975 家(主题游乐 378、休闲度假 767、乡村田园 502、城市公园 255、特色街区 73)、产业融合类 1034 家(工业旅游 476、科技教育 105、体育运动 76、文化创意 377),其他 763 家,其中特别容易暴露

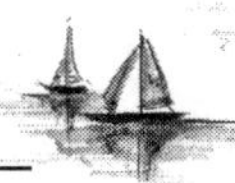

与自然灾害中的自然生态类景区所占比例最高。另外随着中国黄(渤)海候鸟栖息地(第一期)等入选《世界自然遗产名录》,中国的世界自然遗产事业从无到有、从小到大,目前已拥有14项世界自然遗产,位列世界第一,对自然旅游世界级国宝免受自然灾害的保护,也成当务之急。

虽然中国景区在整体上发展迅猛,但区域分布状况却始终存在差别,中国景区在中、东部分布密度高,反映出景区赋存状况与人口分布状况的密切相关性,事实上,景区的发展离不开独特的旅游资源和便利的地理区位,中、东部地区人口集中度高,资源禀赋较好,景区密度自然较高。在数量分布呈现出区域分异特点的背景下,全国景区的开发状况也存在空间分异的特点。根据2016年《中国旅游投资报告》,东部地区的景区产品开发,主要体现为一种资金密集型的开发,而中西部地区则主要是资源密集型开发。从省份看,山西、内蒙古、上海、江苏、福建等14个省、市、自治区旅游景区效益状况较好,各项指标均高于全国平均水平。景区开发状况的区域分布和空间分异特征客观上导致了景区财产类承灾体的类型、数量不同,相应的财产损失风险也必然不同。

2.2.2.2 暴露的旅游流

旅游流是指游客在空间区域内的迁移现象,它间接反映了在旅游活动的影响下全国各景区的游客量差异。在假定景区自然灾害致灾因子危险性大小相同的情况下,旅游流的流量和方向在一定程度上决定了景区人员类承灾体的规模及数量,进而影响到游客风险的大小。现按国内游客、入境游客分述如下:

(1)国内游客

根据《2018年旅游行业发展报告》,2013—2018年中国国内旅游人数持续增长,年增幅均达到10%以上,国内旅游收入的年均增长率也在15%左右,国内旅游市场持续高速发展。从旅游目的地选择上看,中国居民外出旅游通常会选择较为著名且自己较为熟悉的旅游城市和旅游景区。吴必虎指出,中国城市居民的出游具有明显的区域性特征:第一,景区到访率衰减现象十分显著,80%的出游目的选择集中在距常住地500千米内的景区;第二,出游目的地选择上,城市多于风景名胜区,且较集中于东部沿海城市;第三,由旅游中心城市出发的非本市居民的目的地选择范围,主要集中在距城市

250千米半径圈内[129]。此外,不管是山地、河湖等自然景区、还是特色小镇、主题公园等人文景区,来访的游客量在一年内都有非常明显的季节变化。

(2)入境游客

入境旅游是中国旅游业的重要组成部分,也是中国外汇收入的重要来源。自新中国成立后,中国政府一度把入境旅游放在重要地位,甚至1978年之前旅游业的主要任务就是接待外宾。改革开放后的一段时间,发达国家对中国旅游需求释放,入境旅游市场呈井喷状态。时间向后推移,中国的旅游业遭遇了包括政治性、安全性、社会性的多次危机,入境旅游市场持续低迷,但近年来,随着中国国际地位的提高,入境旅游市场呈复苏态势。根据《2018年旅游行业发展报告》,2015年,全国各省、自治区、直辖市接待的入境旅游者总计为13 382.0万人次,比上年同期增长4.1%,2016、2017、2018年,入境旅游人数虽增速放缓,但仍为正增长,一转2014年之前的入境旅游人数负增长态势。近几年来,中国多省入境游客接待量都超过50万人次,其中,入境游客接待量比较靠前的有上海、广东、北京、深圳、天津、武汉等省、直辖市。全国入境旅游的分布在总体上大致形成了以广东、上海和北京三个主要口岸省市为核心、向四周逐渐衰减的格局。对于具体的旅游景区景点选择来说,欧美的旅游者更偏向于选择那些同他们的日常居住环境差异较大的旅游景区景点,他们选择的区域大都是具有浓郁中国特色与悠久历史文化的景区景点,如长城、故宫、苏州园林、江南小镇等。

2.2.3 景区自然灾害脆弱性

根据风险评估的基本模型,即风险性=危险性(致灾因子)×暴躁×脆弱性。将风险理论应用到景区,即景区自然灾害风险评估=致灾因子×暴露×景区脆弱性,可见脆弱性是景区自然风险评估的一个重要组成部分。石勇(2010)指出,脆弱性这一概念的出现,使灾害研究重心从自然系统转移到人类社会系统,其本身也是灾害风险研究和传统致灾因子研究的桥梁[80]。国际减灾战略(ISDR)认为脆弱性是由自然、社会、经济、环境等共同决定的增强社区面临灾害敏感性的因素[131]。诺伊(Noy,2018)认为,“脆弱性”是指由物理、社会、经济和环境因素或过程决定的条件,这些因素或过程增加了个人、社区、资产或系统对危险影响的敏感性[132]。由于各学者的研究背景

不同,脆弱性的内涵尚未完全统一。欧洲项目“改进欧洲脆弱性评估的方法”(MOVE)提出了这样一个概念,试图代表脆弱性的多方面性质(图2–4)。在其中心部分,它确定了脆弱性的六个主题方面:物理、生态、社会、经济、文化和体制。所有这些方面都必须在整体脆弱性研究中加以考虑。大多数暴露于危险之中的资产和系统将表现出不止一个方面的脆弱性,因此,在进行任何评估时都需要更详细地处理这些方面。

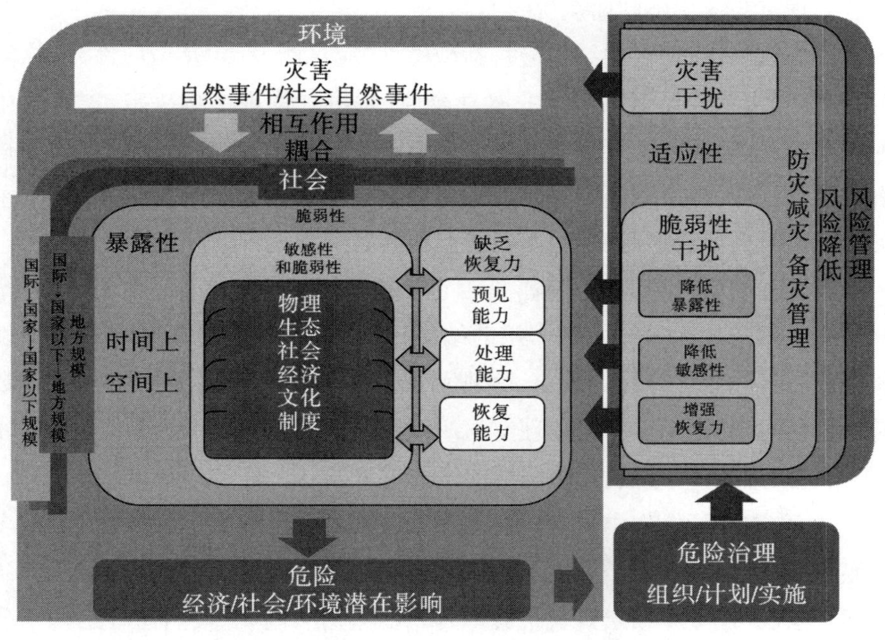

图2–4 将脆弱性概念化的MOVE框架[来源:Birkmann等(2013)]

石勇(2010)认为如果要对脆弱性的概念进行解读,至少要从两个方面考虑,一是研究的对象是承灾个体还是系统,二是需要考虑是从承灾体的物理属性考虑,还是从社会角度或者二者综合的角度考虑分析脆弱性。

事实上,景区自然灾害不仅仅是“天灾”,由社会经济条件决定的人类社会脆弱性才是造成自然灾害的真正原因。尽管人们对脆弱性的认识不同,但这一概念却可以在很大程度上帮助我们理解风险和灾害,将人们从“自然灾害的不可避免和不可控制性”的惯性思维中解脱出来。与致灾因子和孕灾环境导致的景区自然灾害危险性、承灾体的暴露相比,景区自然灾害脆弱性更侧重强调承灾体本身特性和灾害产生的人为因素,即:一定社会政治、

经济、文化背景下，景区承灾体面对某种致灾事件表现出的易于受到伤害和损失的性质，使得景区灾害风险的研究重点从单纯的自然系统演化为以人和社会为中心、注重人和社会在脆弱性形成以及降低脆弱性中的作用，强调了人类的主观能动性和面临灾害时的“有所作为和大有可为”。

提到景区自然灾害系统的脆弱性，就会有敏感性、恢复力、易损性、暴露、应对能力、适应性等很多相关的概念，它们之间的相互包含关系，因不同学者的理解与应用不同而众说纷纭。

我们认为，脆弱性的结构应包括敏感性、应对能力（包括适应性）和恢复力。其中，敏感性强调承灾体的本身属性，是由其物理结构决定，灾害发生前就存在；应对能力主要表现为灾害发生时社会经济系统中表现出来的抗御灾害的特性；恢复力则为灾害发生之后表现出来的系统恢复能力，影响承灾系统恢复到原状态所需的时间、精力和效率。

脆弱性的结构组成中，暴露是否包括在内是最大的争议，本书认为，暴露是致灾因子与承灾体相互作用的结果，反映承灾体暴露在外部环境的性质，是承灾体内、外特性的综合，表现为暴露于自然灾害系统中的承灾体数量及价值等，与作用于一定地理空间的致灾因子紧密相关，暴露并非承灾体本身属性，因此并不该属于脆弱性的组成部分。

然而，在实际操作中，暴露和脆弱性都通过景区承灾体反映出来，更多时候，很难将两者分开。在此，我们将自然灾害脆弱性的结构分为宏观、微观两个层次（图 2-5），宏观包括暴露，微观不包括暴露。按照这种结构划分方式，既能从原则上将暴露“剔除”出脆弱性的结构本身，又可以在个别难以区分的特定环境下，使脆弱性的评估具备可行性，无论是宏观或微观的自然灾害脆弱性探讨，都可以为灾害研究提供一个全新的视角。

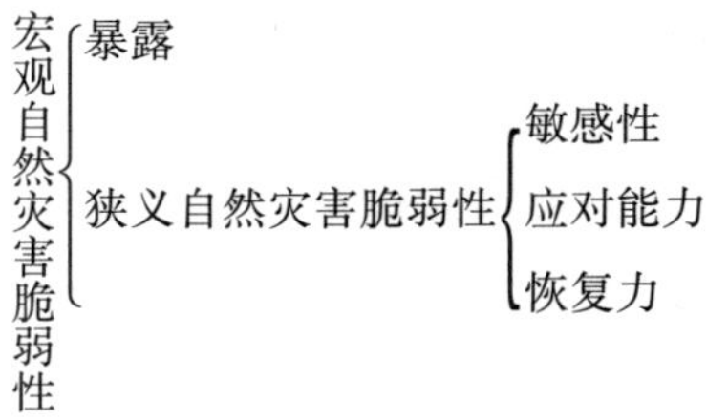

图 2-5　宏观及微观自然灾害脆弱性的结构示意图

本书认为，恢复力着重灾后恢复能力，是系统脆弱性的一个重要组成部分。但狭义而言，脆弱性是一种状态量，反映自然灾害发生时系统将致灾因子打击力转换成直接损失的程度，控制导致脆弱性的主要因素，可为灾前的减灾规划服务；而恢复力则是一种过程量，反映灾情已经存在的情况下，社会系统如何自我调节从而消融间接损失并尽快恢复到正常的能力，主要用于灾后恢复、重建计划的制定，即找出恢复力建设的薄弱环节及灾后高效恢复的措施和途径。获取系统的恢复力是一种积极的减灾行为，减少脆弱性只是由此产生的一种反应性结果。值得关注的是，联合国 2005—2015 年兵库行动纲领即为“加强国家和社区的恢复力”，旨在增强人类的灾害意识，使防灾减灾行动更加积极、主动。

2.2.4 景区自然灾害风险

景区自然灾害风险是一区域性行业风险，因此，其形成机制的分析一定是以区域自然灾害分析为基础，重点阐述景区的旅游经营性特征。在已有的区域灾害系统理论的基础上，本书进一步认为，景区相对于比较大的自然地域单元而言，其实就是小地域范围的自然灾害风险系统，景区自然灾害风险系统是由孕灾环境、致灾因子所构成的危险性和景区承灾体的暴露以及景区自然灾害系统脆弱性三种因素共同作用而形成的。所以，要想正确的确立与区域景区旅游业发展水平、区域社会经济发展水平相适应的“旅游风险管理水平”，就必须得重视景区自然灾害的形成以及演变机理。

在当前诸多行业的风险研究中，工业风险事故的因果连锁模型与致因理论（能量意外释放论、因果连锁论、轨迹交叉论等）研究的相当成熟。景区旅游业的风险研究相对来说，发展的时间比较晚，而且没有景区旅游业的专门理论来阐释旅游风险的形成机制。因此，本书认为，可以根据前文已有的相关阐述，结合研究相对成熟的工业事故的因果连锁模型与致因理论，来构建景区自然灾害风险形成机制的解释模型。

2.3 景区自然灾害风险的放大效应

景区自然灾害风险研究相对一般区域的自然灾害风险研究具有一些特

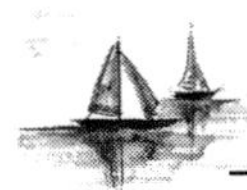

点，可以从致灾因子、暴露、脆弱性三方面进行说明。

2.3.1 致灾因子

(1)致灾因子较为单一、规律性强。相比城市，景区一般涉及范围较小，经过规划管理后自然灾害发生的规律较为明显。

(2)旅游景区，往往是灾害高发区。旅游心理学上把游客按照气质分为：胆汁质、多血质、黏液质、抑郁质，其中前两类的游客倾向于追求新奇感。加拿大旅游学家巴特勒(R. W. Butler)提出的旅游目的地生命周期理论也指出，当旅游景区处于探索和起步阶段的时候吸引的游客多为具有冒险精神的游客。我国北宋的政治家、思想家王安石在《有褒禅山记》中也提到，“世之奇伟、瑰怪，非常之观，常在于险远，而人之所罕至焉”，可见，探新猎奇一直是人们重要的旅游需求之一。除了常规的旅游项目之外，在旅游业中有一种特殊的旅游类型，探险旅游，它也是旅游业的重要组成部分。随着城市化的发展，人们厌倦了车马喧嚣的生活，想要寻找富有刺激感的场所体验探险的乐趣，探险旅游应运而生，高山、沙漠、海洋、森林、洞穴、极地进入了人们的视野，然而探险旅游者期望的景区恰恰是未经过开发的区域，这里一旦发生自然灾害，即没有提前预警和最佳逃生路线，而且救援极其困难，生还率较低。

(3)自然灾害链更为突出。一个景区内的多种自然灾害风险通常呈链状和集群式。例如，对于一些海滨型景区来说，台风可能引发暴雨、风暴潮，而风暴潮和暴雨又可能促使洪水灾害的产生；又例如，当旅游目的地所在区域发生大地震，可能会引发山体滑坡，如果在海滨地区还有可能引发海啸。

2.3.2 暴露

(1)除景区所在地的社区外，承灾体暴露侧重于旅游资源、旅游基础及配套设施与游客。旅游资源是旅游目的地吸引力的本源，只有对旅游资源进行合理的探查、规划、开发、利用、维护，在景区建设和旅游项目设计的过程中围绕当地的历史文化底蕴，景区才能突出自身的特色，更好的吸引游客来访。但是，很多旅游资源都是脆弱的，是不可再生的，就像古代建筑、历史遗迹、特殊地貌，一旦遭受自然灾害破坏，会给景区经营带来毁灭性的打击，

甚至危害当地的产业基础，如2008年汶川8级大地震对世界遗产都江堰造成了严重的破坏，以汶川为圆心周围干线公路都出现了大桥位移和隧道塌方，灾区通信、供水、供电等设备设施全部被破坏。

(2)景区多处于室外，更易暴露在自然灾害中。前面已经提到，自然灾害是一种自然现象，只有当对人类造成损失时才会称之为灾难。我国地大物博，旅游资源丰富，但是大多集中在名山、大川、大江、大河，大多数景区位于室外，除此之外，旅游景区具有资源集中和人员密集的特性，在自然灾害发生时，暴露较强。

(3)自然灾害的时空变化与旅游的时空变化相耦合，暴露与风险更集中。旅游业研究已经证明，旅游业发展具有显著的季节性，景区游客的接待量也呈现规律性。在旅游旺季时景区游客量较大，淡季时景区游客量相对来说较小，尤其是对于自然型景区来说，游客接待量的季节性变化更加明显。以上所述两种规律和自然致灾因子的时空分布规律相互重叠交织，使得景区因为自然灾害所导致的游客风险的时空分布规律显得愈加的错综复杂。特定景点在特定时段游客集中，然而这段时间又恰巧是自然灾害的高发期。

2.3.3 脆弱性

(1)相对于当地居民，游客对环境的不熟悉而呈现高脆弱状态。事实上，游客是旅游业的主体，随着目的地旅游业的发展，游客数量的不断增加甚至超过了当地社区居民的数量，导致当自然灾害在景区发生时，游客成了主要承灾体。

(2)灾害发生后，承灾体的个体脆弱性外，整个旅游产业的脆弱性也凸显。有人认为，旅游业的一大特征是脆弱性，受当地政治、经济、文化、科技、环境变化的影响大。一旦发生自然灾害，直接的利益相关者或者说直接受害者是旅游目的地市场的主体——旅游企业。旅游目的地发生自然灾害会使游客停止或使潜在游客取消当地的旅游活动，使景区、饭店、交通、商店、娱乐等旅游企业处于闲置状态。如果没有来自组织或政府的税收、补贴等救助，旅游企业出现大面积的亏损、停业、倒闭，导致旅游业链条断裂。

2.4　景区自然灾害风险的影响

2.4.1　游客身心遭受损害

在世界各地，游客的身心安全都是旅游业管理的重要组成部分，我国文化和旅游部每当节假日、极端天气、特殊事件都会发布旅游安全提醒。2019年暑假，我国文化和旅游部通过微信公众号“文旅之声”发布了包括对泰国、菲律宾、南非、斯里兰卡、马来西亚等国家或地区的出境旅游提示。除了出境旅游安全提示外，我国政府也高度重视景区的日常防灾工作和游客日常安全能力提升工作。2019年暑假，文化和旅游部在旅游安全实务指导专题中采用图文并茂的形式依次进行了包括自然灾害篇、事故灾害篇、社会安全篇、公共卫生事件篇、特殊旅游项目篇、境外旅游目的地安全提示篇等多个教育专题，提高了游客的旅游安全素养。即便我国政府高度重视游客旅游安全，但是从过往景区的经营实践看，自然灾害风险仍是威胁景区游客安全的重要因素。

除了身体安全外，景区自然灾害风险还可能导致游客因陷入危险而产生应激反应，导致游客的心理安全受到威胁。轻者表现为情绪紧张、惊慌失措、疲劳无力等；重者为恐惧、焦虑、遗忘，以及植物性神经功能紊乱（如心悸、多汗、尿急、颤抖等）；更重者出现休克甚至死亡。另外，当自然灾害导致游客的旅游需求无法满足时，游客很可能因败兴而归导致心跳过速、血压骤升，进而与景区管理方发生纠纷，甚至危害游客的身体健康。例如，2002年“五·一”黄金周期间，巫山大宁河小三峡因暴雨被迫禁航达96小时。由于景区事先没有及时发布通知，游客抵达巫山景区后因安全考虑不能进小三峡游览，情绪激愤，导致小三峡游成为当年“五·一”黄金周投诉热点。

2.4.2　旅游决策受到影响

学者们认为影响游客选择旅游目的地的因素包括经济、旅游经验、地理邻近、文化和娱乐景点、自然体验、个人安全、放松、结识新朋友等[135-138]。这些因素表明，游客选择旅游目的地的动机不仅仅包括渴望逃避日常枯燥的

生活,或者为了探索一些新的人生经历,还包括目的地能够满足他们对于安全的需要,当然这里的安全需求并不是指为了寻求安全的常住地而进行的旅游活动,否则就成为了逃难的难民,而非旅游者[139]。现有的文献回顾已经证明,安全是游客选择旅游目的地的重要考虑因素[38,138,140-143]。

旅游者的出行决策行为很大程度上受安全因素的影响[144]。“911”恐怖袭击后的一项研究表明,如果感知风险水平过高,游客会避免国际旅行[145]。刘浩龙(2008)指出,景区自然灾害风险感知必然会影响旅游者的决策行为[146]。在旅游目的地发生灾害之后游客数量的大幅下降也证明了自然灾害对目的地形象有重大影响[147-149]。例如,2004 年印度洋海啸使前往普吉岛旅游的游客数量下降了 50.4%,维多利亚的游客数量在黑色星期六丛林大火之后明显出现了下降,在新西兰的克赖斯特彻奇,游客数量在 2011 年地震之后下降了 35%。游客的风险感知与自然灾害的发生频率和目的地特征有关,而自然灾害感知的可能性或强度则主要由游客所处危险区的邻近程度以及以往的旅游经历所决定[150]。风险感知与目的地形象密切相关,这意味着一个特定目的地的整体属性包括该目的地能够克服自然灾害威胁的程度。从这个意义上说,如果目的地在自然灾害发生时进行了成功的危机管理,游客被告知即使发生了紧急情况,他们也会感到安全,在下一个旅游期间,他们仍然可以选择这个目的地。吴必虎(2001)对中国大学生旅游安全感知进行的一项调查显示,60% 的受调查者都将自然灾害看作是影响风景区安全的重要因素[66]。影响旅游目的地形象的因素有很多(包括口碑、广告和其他旅游宣传),但在灾难背景下,全球范围内媒体的耸人听闻的报道可以迅速导致对受灾目的地的负面印象的形成,并影响游客的旅游决策[149]。研究者发现,旅游者倾向避免高风险的旅游目的地,安全是旅游业发展的先决条件。

对于慢性的自然灾害如全球气候变化而言,同样会影响到游客的目的地选择。一个旅游目的地的气候,尤其是它的温度和降雨量,是游客决定去哪些地方和什么时候去的关键考虑因素[151-153]。最近的调查显示,即使全球气温升幅保持在《巴黎气候协定》(Paris Climate Agreement)设定的目标 2℃以内,墨尔本和悉尼等城市的夏季极端气温也可能达到 50℃[154],显然,高温会驱使游客更换旅游地点或旅游时间。

2.4.3 景区旅游资源深受危害

旅游资源是旅游目的地吸引力的本源，景区自然灾害造成的经济危机、设施设备损坏、景区形象受损等负面影响在自然灾害结束后往往可以通过一定手段进行降低。然而部分旅游资源如古代遗迹、历史建筑、自然遗产等不可再生资源，一旦遭到破坏，则很难恢复，这对景区的可持续发展的打击是难以想象的。蔡思雄（Tsai，2016）指出，许多灾害造成了旅游目的地形象的暂时性甚至永久性的变化，特别是在资源高度依赖的旅游区[155]。

由全球变暖和气候变化导致的事件，如极端天气可能在 2030 年给 18 亿国际游客带来重大灾难[131]。气候变化委员会（2016）指出，气候变化对旅游业来说是一个重大风险，极端天气直接影响游客行为和旅游经营的可行性。澳大利亚最重要的旅游目的地，如大堡礁、国家公园、海滩和滑雪场，已经受到了气候变化的影响，这些影响将在未来几十年加速。应对气候变化的行动对澳大利亚旅游业的长期生存至关重要。辛普森（Simpson，2008）指出，气候变化已经影响到澳大利亚核心旅游目的地的许多特征，如生物多样性、水安全、景观的外观、农业生产、海滩的可达性、病媒传播疾病的发生率和分布[152]。甚至，随着旅游大众对自然灾害风险的意识日益增强，催生了一种特定的目的地选择类别，称为“最后的机会旅游”，描述了游客明确寻求消失的景观、海景或消失的自然和社会遗产的现象[156]。

气候变化带来的极端天气对旅游资源的破坏极大。海洋温度上升导致珊瑚白化，海水吸收大气二氧化碳导致海洋酸化加剧，除此之外，海平面上升和热带气旋强度增加也构成重大威胁。2016 年，大堡礁遭受了有史以来最严重的白化事件的破坏，超过 90% 的单个珊瑚礁受到影响，最原始的北部地区的珊瑚大量死亡[157]。2016 年白化期间，2 月、3 月和 4 月的海平面温度比 1961 年 1990 年的平均温度高 1.0 ℃ ~1.3 ℃，为有记录以来的最高温度[158]，据估计，1985 年至 2012 年间，珊瑚覆盖面积减少了 50%[159]。

滑雪旅游一直是受气候变化影响最明显的行业之一，无论是在全球还是在澳大利亚，都依赖可靠的积雪覆盖[160]。施泰格尔和施托特尔（Steiger&Stotter，2013）研究了蒂罗尔地区的滑雪旅游，发现气候变化对高度依赖雪的滑雪旅游企业构成了严重威胁[161]。澳大利亚滑雪场雪深下降和季节长度的减少已经超过了25年的报道[162,163]。近几十年来,维多利亚时代所有度假胜地的滑雪季节长度都缩短了17%～28%,其中斯特林山和布勒山的收缩幅度最大,波波山(BawBaw)和福尔斯克里克的收缩幅度最小[164]。积雪面积的减少与最高气温的升高密切相关,随着气候继续变暖,预计所有高山地区的降雪都将持续减少,海拔较低的度假胜地最容易受到影响[165]。在高排放情景下,到本世纪末平均气温可能会上升4℃～5℃(与1961—2010年的平均气温相比),年降水量可能下降20%[164]。最冷的冬季气温可能增加2.5℃～7℃。预计在21世纪余下的时间里,所有度假胜地的降雪量都将大幅下降——在高排放情景下,降雪量将下降60%～80%。在这种情况下,只有最高的山峰才会经历降雪[164]。

2.4.4 景区旅游设施遭到破坏

在旅游目的地的许多基础设施也暴露在危险之中。例如,沿海旅游可能包括若干海滩,而这些海滩反过来又依赖于为可进入而在附近建立的旅游设施,包括交通运输、在危险地区的住宿等[89]。自然灾害的灾难性影响直接表现为破坏建筑物(包括房屋、医院、学校、工厂)等满足人们生活需求的场所,是景区直接经济损失的主要表现[166]。据统计,2008年汶川地震共损坏供水设施1486.53千米,损失金额达4.50亿元;损坏供电设施764.6千米,损失金额达1.58亿元;损坏通讯设施2226.3千米,损失金额达1.26亿元[167]。2015年6月末,因我国西南地区连日的强暴雨,四姑娘山景区、达古冰山景区、九寨沟景区发生多处泥石流灾害,6月28日晚7时左右,四姑娘山双桥沟景区撵鱼坝至四姑拉措约发生泥石流共计10余处,总方量约2000立方米,景区道路临时断道。6月28日晚23点左右,黑水县突降暴雨,达古冰山景区发生泥石流灾情6处、山体滑坡约7000立方米,景区内公路、路基及附属设施遭到严重破坏。6月29日下午2时50分左右,九寨沟景区日则沟季节海路段突发泥石流灾害,百余立方米障碍物完全阻断景区道路。

2.4.5 景区旅游业发展受阻

自然灾害和人为灾害在世界各地频繁发生,普里多(Prideaux,2004)确定了以下三种类型的灾害需要更多的旅游利益关注:①各种类型的自然灾

害，如地震、台风、洪水和干旱；②需要长期注意的气候变化；③新型流感或者其他在全球范围内流行的未知疾病，以上三类给旅游目的地造成的损失最频繁、最严重[91]。事实上，2005 年的卡特里娜飓风、2004 年的南亚海啸和 2003 年的严重急性呼吸系统综合症（SARS）都揭示了灾害事件对旅游业发展的巨大影响。灾害事件不仅影响当地居民和游客的安全，还会产生负面的旅游形象，对旅游发展产生严重影响[168]。当游客感到恐惧或旅游风险增加时，很容易产生负面印象，这可能会对旅游目的地造成突然和意想不到的负面影响，如果缺乏适当的预防措施，旅游目的地将会受到负面影响，如形象受损、潜在游客缺乏信心、收入急剧下降[169]。

第三章

景区自然灾害风险评估的方法体系

3.1 基于历史灾情数理统计的景区自然灾害风险评估

景区自然灾害风险研究,简单总结看就是三个问题:该景区可能发生哪种或哪些自然灾害?自然灾害发生的概率和强度有多大?一旦发生这种(些)灾害,可能导致景区的损失有多大?(图3-1)。自然灾害的风险本质上就是自然灾害导致的损失的不确定性概率分布。利用历史数据进行自然灾害风险评估,就是寻找科学的途径进行历史灾情的概率分布估计。

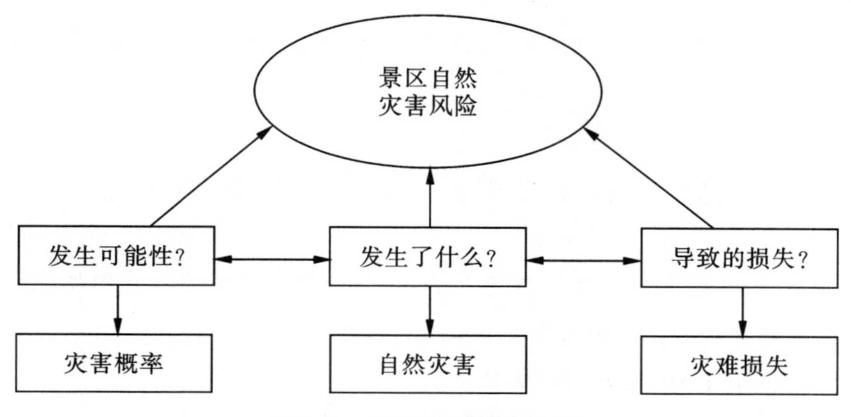

图3-1　自然灾害风险的内涵

为了直观清楚的表达自然灾害发生导致的景区的损失概率，本书提出了自然灾害风险序列图（以洪灾为例）（图 3-2）。该图是以景区在某种或者某些自然灾害（洪灾）的影响下遭受的损失为纵坐标、自然灾害（洪灾）发生的频率为横坐标，建立自然灾害发生频率与导致的景区损失之间的关系曲线，该曲线可以看出在不同频率条件下自然灾害（洪灾）的发生所导致的景区不同损失值。

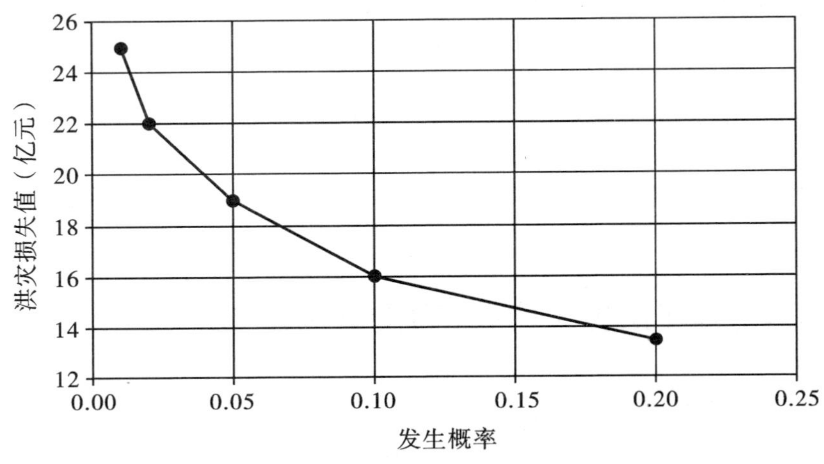

图 3-2　自然灾害风险序列图

该图动态地展现了景区可能面临的自然灾害及损失的不确定性，在一定程度上可以反映景区面临的风险。但是由于受数据和资料获取途径的限制，该方法具有较大的局限性，很难针对大多景区开展准确的风险评估研究。

3.2　基于指标体系的景区自然灾害风险评估

由于对自然灾害风险理解的不尽一致，自然灾害风险概念模型也有所差异，围绕风险各构成因素的主要风险表达式，列举如下：

Maskrey（1989）提出风险表达式为：

风险（risk）= 致灾因子（hazard）+易损度（vulnerability）

联合国 1991 年提出风险表达式：

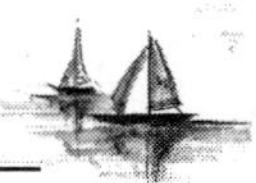

风险(risk)=致灾因子(hazard)×脆弱性(vulnerability)×暴露(elementsatrisk)

Deyle 和 Hurst 在 1998 年提出的风险表达式为:

风险(risk)=致灾因子(hazard)×灾情(consequence)

Yurkovich(2004)提出的风险表达式为:

风险(risk)=致灾因子(hazard)×脆弱性(vulnerability)×暴露(exposure)×相互关联度(interconnectivity)

联合国(UN)(2002)提出的表达式为:

风险(risk)=(致灾因子(hazard)×脆弱性(vulnerability))÷恢复力(resilience)

在上述各灾害风险概念模型表达式中,联合国 1991 年提出的风险概念模型表达式,较好地反映了自然灾害风险系统特征,获得较为广泛的应用。根据灾害风险形成过程来看,自然灾害风险系统由自然灾害危险性、暴露和脆弱性三者相互作用形成。景区自然灾害风险是三者相互作用的产物,其大小取决于孕灾环境(景区所处环境)和致灾因子(自然灾害)造成的危险性、承灾体(景区)在自然灾害情景中的暴露和承灾体(景区)自身的脆弱性大小。利用指标体系方法进行评价时,风险和脆弱性都是状态,脆弱性评估作为风险评估的重要组成部分,直接参与风险评估过程,影响风险评估的最终结果。景区脆弱性取决于景区遭受自然灾害影响时的敏感性(sensitivity)、面临自然灾害时的应对能力(adaptation)及自然灾害发生后的景区系统恢复力(resilience)。

根据风险和脆弱性的构成要素,选择指标构建指标体系进行脆弱性及风险评估时,在风险评估的理论基础上并参照其构成要素对自然灾害风险进行评估。本书以水灾为例,简要归纳衡量区域面临自然灾害的危险性、暴露及脆弱性的主要指标(表 3-1)。从自然灾害风险的形成机制(影响因素)考虑,将代表危险性、暴露、脆弱性的各指标定量化后,利用一定的数学模型进行合成,求得自然灾害风险值,对区域自然灾害风险进行评估。

表 3-1　自然灾害风险评估常用指标(以水灾为例)

危险性	暴露	脆弱性
多年汛期平均降雨量(mm)	人口密度(人/km^2)	60 岁以上人口数(万人)
河网密度(km/km^2)	路网密度(km/km^2)	危房简屋面积(km^2)
河湖水面积(km^2)	地均 GDP(万元/km^2)	游客数(万人)
水灾年发生次数(次)	农业总产值(亿元)	每万人拥有医生数(人)
累计受灾面积(公顷)	第三产业生产总值(亿元)	公民防灾意识教育普及率(%)
城市排水除涝泵站数(个)	耕地面积(公顷)	居民人均可支配收入(元)
海平面上升速率,地面沉降速率(cm/年)	全社会固定资产投资(亿元)	城镇最低生活保障发放人次(万人)

景区由于具有敏感性特征,也是全国自然灾害的高发区,由暴雨洪涝、地震、台风等自然灾害引发的景区自然灾害频发,旅游风险问题日益突出。本书中基于指标体系的景区自然灾害风险评估主要通过结合景区自身特征和自然灾害数据资料,从危险性、暴露、脆弱性三个方面遴选景区自然灾害风险评价指标,构建景区自然灾害风险评价指标体系;再利用一定的数学模型或者统计方法(如德尔菲法和主、客观综合赋权的熵权—层次分析法)来确定测量指标因子的权重,并对评价指标进行等级划分与赋分;利用 GIS 软件的空间分析与制图功能,根据分析景区和自然灾害特征,选取合适的栅格大小,建立不同的图层,并将各指标数值赋予各个图层,最后,根据风险概念模型中不同要素间的数量关系,对各图层进行叠加(图 3-3),实现自然灾害风险的计算及可视化表达,形成景区自然灾害风险分布图,该过程同时可以得到景区危险性、暴露、脆弱性分布图,清晰地展示景区的自然灾害风险,为景区防灾减灾工作提供科学指导。

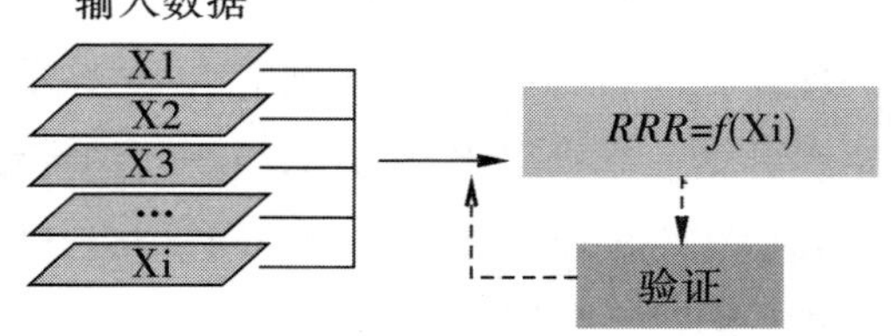

图 3-3　基于指标体系的自然灾害风险评估

基于指标体系的自然灾害风险建模与评估,由于数据易于获取、建模与

评估简便可行，是目前自然灾害领域最为普及的方法，然而，利用该方法得出的风险值，只能宏观体现研究区域遭遇自然灾害的风险大小，无法反映复杂灾害系统的不确定性与动态性，得到的风险值可能并不准确。当由于缺少研究区域的灾害数据或地理信息资料等原因时采用专家打分法，该方法虽对数据等要求不高，便于开展，但是受参评人员的经验、知识、个人性格等主观因素的影响，评估结果往往具有误差。在该方法一定局限性的情况下风险评估的一种新的方法——情景模拟法以其无可替代的优势，逐渐走进人们视野，成为灾害风险评估的主导方法。

3.3 基于情景模拟的景区自然灾害风险评估

自然环境中的各种极端事件作用于人类系统时造成损失的可能，即为自然灾害风险。以上利用数理统计方法，对历史灾情数据进行分析，旨在找出自然灾害事件发生概率和灾害事件导致损失之间的相互关系，并最终建立自然灾害概率与损失关系函数，实现自然灾害风险评估。该方法只能应用于已发生、并有历史灾情记录的自然灾害事件。然而，对于未发生但极可能出现的自然灾害，或者已发生、但未记录历史灾情的自然灾害事件，如何进行自然灾害风险评估呢？目前，除了建立指标体系进行评估之外，模拟自然灾害情景，并在此基础上进行灾害系统有关构成要素的分析、评估研究，为本书提供了全新的思路。基于情景模拟的灾害风险评估，是当前灾害研究领域的热点与前沿课题。但是利用该方法对景区自然灾害风险评估进行研究较少。由于旅游业要素丰富，较易遭受自然灾害的影响，一旦景区遭遇暴雨内涝、地震、台风等自然灾害，旅游资源、设施设备、游客等均会受到损失和伤害，并且自然灾害还会导致间接不利影响，同时根据旅游乘数效应，旅游业及相关产业面临的损失远比一般区域要大。因此，为了景区乃至旅游业的健康可持续发展，有必要利用情景模拟法对景区进行自然灾害风险模拟评估，该结果有利于景区管理者或政府等相关部门做好预防和应对举措，保障游客、社区居民、旅游资源等的安全，推动旅游业的发展。

“情景”（scenario）一词最早出现于 1967 年赫尔曼（Herman）和威纳（Wiener）合著的《2000 年》一书中，“情景分析”（scenario analysis）是根据经

济、产业或技术的重大演变提出各种关键假设的基础上，通过详细、严密的推理和描述来构想未来可能性的各种方案。而今，国际上，该方法已广泛应用于灾害模拟中[171]。情景分析是处理未来不确定性的一种方法。情景分析是一种基于场景的计划，它使用潜在的未来场景来促进未来的计划，没有人能准确预测未来，因此该技术可用于帮助分析未来以及它将如何影响今天的决策。

自然灾害风险情景模拟可以在对已发生灾害的强度、范围等全面调查的基础上进行，也可以借助 GIS、各种模拟模型和计算机等来实现，以评估和预测未来自然灾害的发生对各承灾体影响的范围、冲击程度和造成的损失，为开展自然灾害损失及风险分析建立基础，为制定灾害应急预案提供参考依据。而且，对多灾种/多承灾体的灾害系统进行情景模拟，可直观地体现灾情的时空演变和相互影响，形成对自然灾害及其影响状况的可视化表达，并实现自然灾害综合风险的动态评估。

该方法与历史灾情数理统计法相似，也还原风险概念的本质，以 Kaplan and Garrick（1981）的模型最具有代表性，即：

$$R=\{S(e_i),P(e_i),L(e_i)\}_{i\in N}$$

式中：R 代表灾害风险；$S(e_i)$ 代表不同的灾害情景；$P(e_i)$ 表示情景发生的概率；$L(e_i)$ 代表情景下的灾害损失。

本书通过对洪灾的风险评估为例，简要表达利用情景模拟法进行评估的程序。洪水灾害风险评估具体操作程序中，首先，根据不同概率灾害事件的强度参数模拟灾害情景，进行危险性分析，确定受灾区域并罗列出该区域范围内的主要承灾体并进行价值估算，各承灾体遭受的具体灾害强度也可呈现，完成暴露分析，然后，由脆弱性衡量这些承灾体承受一定强度自然灾害时的损失或损失程度，最后，受灾区域内所有承灾体的损失价值之和即为该区域在当前灾害情景下的灾损，不同概率事件下的灾损即为区域面临灾害的风险（Kaplan and Garrick，1981；Hall and Dawson，2003；Grunthal 等，2006）[172-174]。

本书根据以上的实施步骤确定基于情景模拟的景区自然灾害风险评估：选择景区作为研究区域，基于收集的基础数据资料，构建了景区的自然灾害风险评估模型；利用现有的资料预测未来的自然灾害发生频率和强度

等设计自然灾害发生过程(如50年、100年、500年等一遇的降雨过程),设置不同自然灾害情景,用于研究区域的自然灾害模拟,确定危险性;再对研究景区暴露在不同情景下的承灾体数量、种类、价值等进行计算,确定暴露;根据脆弱性的构成要素(应对能力、敏感性、恢复力)衡量暴露在不同情景下的景区的损失和损失程度;最后,利用风险评估模型计算不同情景下的景区的损失之和,即该景区在自然灾害情景下的灾损,不同概率事件下的灾损即为景区面临自然灾害的风险。

情景分析模拟自然灾害演化趋势,实现自然灾害风险可视化,其明显的优点如下:①紧扣风险的情景定义,实现从未来情景的角度进行风险分析;②克服了传统方法仅从灾害因子角度进行评估的不足;③实现了灾害过程与破坏过程的验证,使风险评估结果相对可靠;④易于空间网格化分析,能发现真正高风险区域。由此也可看出,情景模拟只是开展自然灾害系统评估的一种工具,根据特定灾害事件,利用情景可以展示灾害总体特征(强度、范围)、承灾体的暴露特征(暴露个体的受灾程度、价值、数量等),而脆弱性是承灾体本身属性,衡量承受一定强度灾害的承灾体损失程度,严格上来说,情景模拟与脆弱性无关,“基于情景模拟的脆弱性评估”的说法是不正确的,利用情景模拟灾害场景,可以更精确地反映各个承灾体的暴露特征,脆弱性衡量该暴露程度下承灾体的损失状况,为风险评估奠定基础。总而言之,危险性、暴露和脆弱性,分别从自然灾害本身、自然灾害与承灾体相互作用、和承灾体本身特征三个方面,共同决定灾害损失及风险的大小。

从研究过程来看,基于历史灾情数理统计的景区风险评估是对不同自然灾害的概率分布,主要是通过构建自然灾害发生频率和景区损失之间的关系曲线;基于指标体系的景区风险评估主要是构建风险衡量指标并赋予权重来确定景区的风险值;基于情景模拟的景区风险评估是通过模拟未来可能发生的自然灾害场景,确定不同概率水平下的景区风险值。不同的是:基于历史数据的数理统计得到的风险是不同自然灾害的概率分布,基于情景模拟得到的风险也是概率—损失关系,可以用灾害风险序列图来描述,反映灾害系统中任意损失值的发生概率,动态体现景区面临自然灾害时损失的不确定性,反映景区自然灾害风险水平。基于指标体系的风险评估,没有描述概率与损失的关系,而是从风险形成的机制入手,根据风险构成的三大

要素,分别选取指标反映风险系统的危险性、暴露和脆弱性,最终得到反映景区风险的指标合成值,无论是危险性、暴露、脆弱性还是风险,都是状态,便于进行各景区之间的比较分析。相同的是:基于历史灾情和情景模拟反映的风险都是从概率角度反映损失的纯粹意义上的自然灾害风险,区别在于,前者基于历史灾情数据,后者则多基于未发生灾害或者发生但未记录的自然灾害的情景模拟,此外,情景模拟方法也可用来模拟历史灾害情景后进行风险分析。

从获取资料来看,基于历史灾情的景区风险评估需要景区详细记录过往遭遇的自然灾害具体信息并且公开数据信息,有效、易获取的数据和资料是开展风险评估的前提。基于指标体系的景区风险评估可以利用主观或客观方法确定指标,对景区的具体信息要求不高。基于情景模拟的景区风险评估,对于未发生但极可能出现的自然灾害,或者已发生、但未记录历史灾情的自然灾害事件都可以通过模拟展现。不同的是,基于历史灾情的景区风险评估需要景区曾发生的自然灾害的具体灾情信息,而后两者对景区信息依赖性不高。相同的是基于指标体系和情景模拟两种方法在缺乏景区详细资料的情况下都可以开展自然灾害的风险评估研究。

从使用范围来看,基于历史灾情的研究较少,可能是由于较难获取数据信息;基于指标体系的风险评估由于可以通过主、客观两种方式确定指标,因操作简便、方法多样等因素,研究文献较多;基于情景模拟的景区风险评估需要使用 ArcGIS 等软件,操作复杂,因此研究较少。但是情景模拟近年来正以其无可替代的优势逐渐受到更多学者的关注。

3.4 景区自然灾害风险评估的框架

基于以上对灾害系统、风险系统和自然灾害风险形成机制等的分析与总结,以及风险评估的理论与方法体系知识,构建自然灾害风险评估的基本框架,如图 3-4 所示。

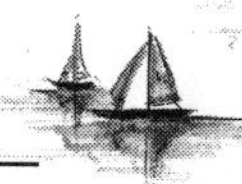

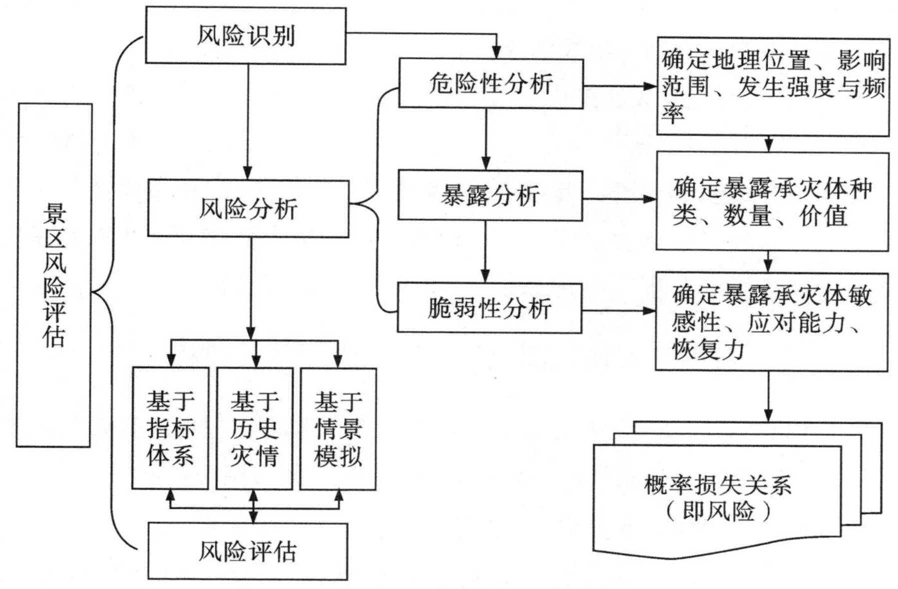

图 3-4　自然灾害风险评估框架

3.4.1　灾害风险评估的流程

自然灾害风险评估主要包括三个过程：自然灾害风险辨识、自然灾害风险分析和自然灾害风险评估。

灾害风险辨识：风险辨识是第一步，它包括充分理解问题，以确定可能出现的风险。即在明确研究区域及承灾对象的基础上，收集相关基础资料数据，找出灾害风险源，建立灾害数据库，为后续工作奠定基础。

灾害风险分析：在确定风险之后，对风险进行分析，以确定其重要性。针对特定风险源，分析区域遭受不同强度自然灾害的可能性及其可能导致的后果。灾害风险分析是灾害风险评估的中心环节，主要包括危险性分析、暴露分析和脆弱性分析，其中每一环节还可进一步细化。这是风险评估的关键前提，也是本书的重点所在。

灾害风险评估：在风险分析得到的客观结果的基础上，根据区域具体社会经济特征，对区域的承受能力、防灾减灾能力和恢复力等进行评价，以确定区域面临风险的实际状况，如果涉及防灾减灾工程，所进行工程的投入—

产出效益分析(投入为工程造价,效益即为因该工程的建设减少的灾害损失)也是灾害风险评估的组成部分。

科研领域所能开展的工作,大部分集中于"灾害风险分析"部分,但是,该部分工作却习惯上被称作"灾害风险评估",事实上,科学的"灾害风险评估"建立在"灾害风险分析"基础上,后者是客观的结果,前者却包括有主观决策、科学管理等环节,大部分工作已跨越单纯的灾害研究领域。本书基本着力于"灾害风险分析",但充分尊重习惯称谓,请正确理解。

3.4.2 自然灾害情景模拟下景区风险评估的流程

景区自然灾害风险评估是在以上自然灾害风险评估框架的基础上具体深入,本书主要是以情景模拟法为主要评估方法,因此,流程如下:

3.4.2.1 景区自然灾害风险辨识

指基于系统搜集来的文献资料和基础数据对处在复杂环境下的景区自然灾害风险的组成要素进行厘定,并揭示其形成过程、传导机制和致险机理[71],是风险评估的基础工作。它主要包括以下几个方面,孕灾环境分析:通过实地调研或者是资料搜集全面分析景区所处地的自然系统、社会系统以及景区自身情况等;历史灾情分析:就是基于景区所记录的历史灾情情况,主要包括自然灾害发生的频率、强度、人员(游客、景区员工和社区居民等)伤亡、景区财产损失以及旅游资源损毁等。但并不是所有的景区都有灾害的详细情况,为了有效地对景区的自然灾害风险进行评估,一些学者采用集成分析的思路,利用景区所处区域的自然灾害情况来对景区风险进行评估[64,66];致灾因子分析:致灾因子是景区自然灾害的诱发因素,是景区自然灾害风险系统的重要组成部分,主要包括自然致灾因子和人文致灾因子,本书着重分析的是景区灾害的自然致灾因子。

3.4.2.2 景区自然灾害风险分析

这个过程包括基于场景的风险分析,在确定每个潜在风险实际发生的可能性时,场景的使用应该发挥作用。尽管每个潜在风险实际发生的结果可能是相同的,或者至少非常相似,但无论使用哪种场景或一组场景,任何特定事情出错的概率都将随着场景的不同而变化。因此,必须对每个场景分别评估与假设相关的每个潜在风险的概率。此过程中的风险评估步骤寻

求评估每个潜在风险的严重性，并为每个潜在风险分配一个严重性级别。

1. 景区自然灾害危险性分析

危险性分析是指对不同情景、不同强度与频率的景区自然灾害致灾因子的相对或绝对危险性的衡量[72]。景区自然灾害危险性分析是根据收集资料或者计算机模拟等方式确定景区可能的自然灾害的强度和频率等分析。如根据研究区所记载的洪水灾害事件，选取典型的洪水灾害事件，运用MIKE21 二维水动力模型进行动态模拟，得出不同情景下洪水的淹没情况，利用 ArcGIS 平台，将得到的不同的情景与承灾体（景区）图层进行叠加，得到不同情景下景区的淹没深度，并在此基础上进行危险性制图。

2. 景区自然灾害暴露分析

暴露分析是指承灾体与自然灾害致灾因子进行时空耦合时承灾体数量（价值量）及其分布的估计（图 3–5）。当研究区域、目标不同时，暴露要素的含义也会有差异。对于景区自然灾害风险研究来说，暴露要素一般是指旅游者、景区员工、社区居民、景区设施（固定资产）、旅游资源等。灾损率大小能够表明承灾体在某种致灾因子下的空间暴露，不必对暴露做单独分析。

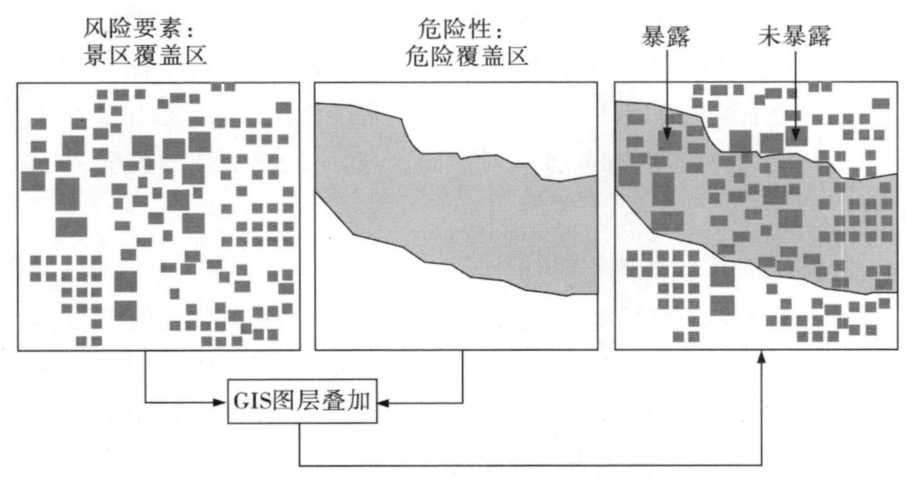

图 3–5 景区自然灾害暴露分析

3. 景区自然灾害脆弱性分析

脆弱性分析是指对处于特定区域的景区在受到某种致灾因子冲击时所表现出的易损程度与损失程度的估算，是把风险与自然灾害联系在一起的

桥梁。在实际分析过程中,对暴露和脆弱性的分析难以分开,因为它们均是由承灾体(景区)反映出来。

在脆弱性形成机制还没有研究透彻的情况下,指标体系是目前脆弱性评估最常用的方法。与利用历史灾情进行脆弱性分析不同,该方法采用归纳的思路,选取代表性指标组成指标体系,综合衡量景区面临自然灾害的脆弱性。严格来讲,该方法衡量的是脆弱性状态,即发生灾害时,与安全性对立的一面,反映遭受灾害冲击时,景区内特定承灾个体(或系统)对某种自然灾害表现出的易于受到伤害和损失的性质。

除此之外,脆弱性曲线的出现为脆弱性评估提供了新的思路。相对于系统而言,个体的脆弱性度量更为精确些,脆弱性曲线,即灾损曲线,主要评估一系列灾种强度与各种承灾个体受影响程度的关系,以表格或曲线的形式表示[175]。例如,景区内建筑按照年限、楼层、材料等属性分类,之后针对各类选取样本进行灾后实地调查或机械实验等,确定致灾因子不同强度下的灾损率[26];德怀尔(Dwyer,2004)认为旅游景区重要基础设施(医院、管道)等承灾个体,也需要在实际调研的基础上根据其特殊性分析自然灾害来临时的损失程度;承灾人群,特别是弱势群体的脆弱性需要通过问卷调查的形式最终进行确定[176]。这种方法努力从根本上解决脆弱性评估结果粗糙、可操纵性不强等缺陷,希望通过承灾个体的脆弱性反映区域总体自然灾害脆弱性特征,找到最基础的方式对不同区域、不同承灾体的脆弱性进行评估。

3.4.2.3 景区自然灾害风险评估

景区自然灾害风险评估是有效制定景区防灾、减灾、管理预案以及具体应灾措施的首要步骤,它是对国务院安全生产委员会及国家旅游局下达的行业安全生产要求的具体落实。对于国家以及各级地方旅游部门来说,它可以作为景区防范自然灾害以及实施自然灾害应急与救助管理的科学依据;对于景区经营实体而言,它为景区的规划建设(特别是各类设施的建设布局、旅游线路及产品的规划)提供科学指导。国内外已有的关于减灾的实证表明,防灾、减灾的措施都应该以正确的灾害风险评估结果为基础。景区自然灾害风险评估的内容主要包括两部分:风险等级的划分与风险可接受水平的确定。

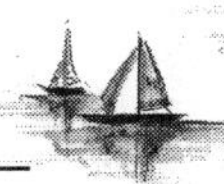

1. 风险等级划分

景区自然灾害风险等级划分就是把致灾因子危险性分析与承灾体暴露和脆弱性分析的定量结果转化为定性的等级划分，即用公式表达为：

$$R=H\times E\times V$$

其中，R（risk）为风险度指数，H（hazard）为致灾因子危险度指数，E（exposure）为承灾体暴露在致灾因子中的指数，V（vulnerability）为承灾体脆弱度指数[76]。以R、H、E和V为基础，按照一定的分类标准（如GIS中的自然断点法）将其分为极低、低、中、高和极高五个等级，得到景区自然灾害风险矩阵表，如表3-2。最终进行空间展布。

表3-2 景区自然灾害风险矩阵表

可能性	后果				
	无关紧要	轻微	中度	主要	严重
几乎可以肯定	M	H	H	E	E
极可能	M	M	H	H	E
可能	L	M	M	H	E
不太可能	L	M	M	M	H

2. 风险可接受水平确定

景区的可接受风险就是指研究的景区在多种因素（社会、经济以及环境等）的影响下可以接受的潜在损失。在安全工程领域中，风险可接受水平是采取工程性措施和非工程性措施的依据，最终达到的目的就是将可能对人员、资源、设施等的损害减少到一个可以接受的水平。本书采用安全工程领域的“最低合理可行”ALARP（As Low As Reasonably Practically）法，如图3-6。

将上述景区自然灾害风险等级确定的五个等级与ALARP准则对应的关系可以定为：极高风险、高风险——不能容忍区；中等风险、低风险——最低合理可行区域；极低风险——广泛可接受区域。

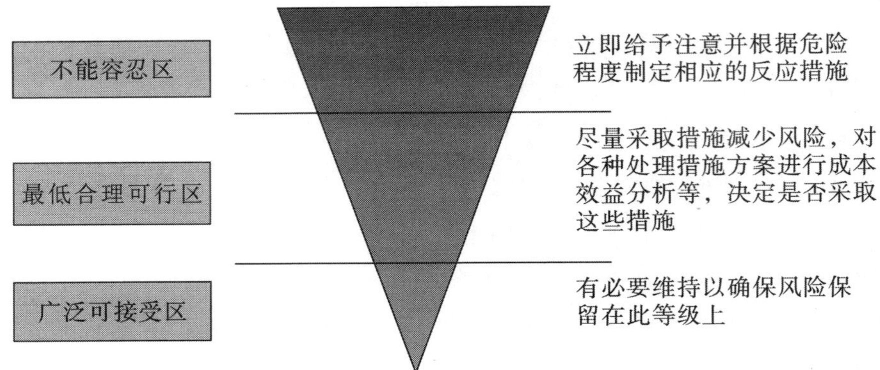

图 3-6　风险可容忍性框架和 ALARP 准则

3.4.2.4　景区自然灾害风险应对

利用系统综合分析方法，确定景区自然灾害与景区风险之间的相互作用关系，寻求自然灾害影响下景区风险的调控机制，并分析各调控机制之间的相互关系。根据情景模拟与自然灾害风险动态评估的结果，结合景区自然灾害风险管理运作机制及其需求，制定不同的预防、备灾、响应和恢复措施；针对近期（如 2050 年）以工程措施应对为主和中长期（如 2100 年）以政策规划应对为主，开展相应的游客风险知识普及、自身防灾技能培训和灾后自我恢复方案的研究，分析政府相应救灾策略、救灾物资储备制度和灾后重建投入机制以及非政府组织和民间团体的社会救援能力，提出适合我国景区的风险救助方案，并对它们开展成本—效益分析和社会影响分析，以确定优先应对措施；提出各种情景下最优化的风险应对方案，并制定反馈机制，保证措施的科学性与可实施性，使风险管理能真正服务于旅游地、与旅游地整体的发展需要同步。

综上所述，景区自然灾害评估是景区管理中的基本项目，无论是对于景区自身的可持续发展，还是对于区域旅游行业的健康发展，都扮演着十分重要的角色，有着重大的现实意义。首先，对于景区的旅游经营者而言，景区自然灾害风险评估有助于景区合理安排工作，保证景区和游客等安全，从而在游客心中树立积极的旅游目的地形象，提高景区的满意度。同时，还可以吸引游客，使得景区经营的成本—效益之间达到最优组合；其次，景区根据

自然灾害风险评估结果制定合理的风险管理规划有利于增强景区以及旅游行业抵抗自然灾害的能力(或者是降低脆弱性),减少自然灾害风险所带来的损失(抗击自然灾害),实现景区、旅游行业和区域,甚至国家层面的经济效益。所以,实施景区自然灾害风险评估工作在当前形势下十分的有必要。

第四章

案例——基于历史灾情数理统计的景区风险评估

旅游产品具有形式的无形性、购买的先期性、产销的同步性、空间的不可转移性等特点,使得旅游活动中暗藏的风险大于一般的购买活动[177]。旅游者对旅游风险非常敏感,通常来说,风险小则出游意愿高,反之出游意愿会降低。同时,旅游风险具有是否发生的不确定性、发生时间的不确定性、发生结果的不确定性等特征,使得旅游风险无法通过测算得出准确的发生轨迹,也无法做到彻底根除。

4.1 旅游风险辨识

研究对象为人民网旅游 3·15 投诉平台。该平台由人民网旅游频道于 2009 年正式推出,专门服务于旅游投诉,旨在帮助游客快速、及时地将投诉问题反映给有关部门,寻求解决办法。投诉平台的使用对象是已注册过平台账户的全国旅游者,平台的投诉对象包括在线旅游平台、旅游社、景区、酒店、航空公司、导游等。该旅游平台投诉事件的处理流程为:网友提交投诉文本—平台审核投诉是否有效—投诉通过—移送至投诉地处理单位—处理单位回馈处理结果—处理结果上传。平台的作用是作为一个"中间点",将旅游者的投诉反映到相关的部门或是企业,其特点是关注游客身边小事,能够切实帮助游客解决问题。2009 年 9 月 26 日,该平台收到了首条投诉,投诉内容是东莞部分旅游社违背新出的旅游行政管理部门的管理规则,不启

用新合同的印制或打印规则。自此,该平台的使用愈加频繁,投诉反映了旅游者在旅游活动中的种种不满。由此可见,旅游风险总是客观存在于旅游活动之中。通过对旅游3·15投诉平台中游客的投诉信息进行深入分析,识别其中的旅游风险,并提出相应的风险降低对策,对于更好的保护旅游者、规范旅游市场和促进旅游业的发展举足轻重。

4.2 旅游风险分析

4.2.1 研究方法和资料整理

1. 研究方法

采用质性研究方法,主要采用扎根理论这种探索性研究技术。扎根理论是通过对资料系统地分析来进行理论发现的一种社会研究方法论[178]。本书在以扎根理论作为方法论的基础上,主要使用了网络文本分析法、数理统计、对比分析法三种研究方法。

(1)网络文本分析法:是通过一定的路径将网络平台的文字资料转化为研究资料的方法。本文通过相关方法获取人民网315旅游投诉平台的投诉数据并以此作为研究的基础。

(2)数理统计:在进行编码后运用Excel软件对收集的大量文本资料进行统计分析、分类汇总、绘制图表等,为后期的分析及结论探讨等工作打下基础。

(3)对比分析法:通过对不同年份的数据间进行对比分析,分析异同点从而得出风险类型的变化趋势。

2. 资料整理

选用了2014年、2015年、2016年、2017年四年的旅游投诉文本进行分析,使用之前需要对其进行筛选,去除掉无效的投诉文本。包括:①重复投诉,在提交时由于网络或系统的原因造成的重复提交,或者是旅游者同一时间进行多次投诉;②非投诉文本,旅游者对某些部门进行的表扬、致谢信、提供发展建议等;③超范围投诉,旅游者投诉对象不在平台规定范围内;④无因投诉,旅游者过于挑剔导致无法被满足或旅游者寻求正常服务范围之外

的需求得不到解决而产生的投诉。为了保证科学性，剔除重复投诉、非投诉、超范围投诉和无因投诉文本，得到有效样本4539条。对于每一篇有效的投诉文本都逐字逐句阅读，仔细分析，不断地提取原始资料数据的概念和维度，经过厘清概念—确定范畴—构建理论不断的往复循环，来获取全面的理论维度。当从后续的投诉文本获取新的概念时，就需要根据已有的投诉文本所形成的类别或范畴进行比较。一旦出现新的范畴时，就要对原有的理论范畴进行修正，把新的范畴纳入到原有的范畴之中，如此反复进行。当新收集到的投诉文本可以包含原有的范畴，而不再产生新的范畴或类别时，即达到了理论饱和。

4.2.2 分析过程

扎根理论从概念的提取到模型的构建都是通过逐级编码才得以实现的，三级编码是扎根理论的精髓部分[179]。

4.2.2.1 开放式编码

开放性编码就是将投诉文本逐步进行概念范畴化，即根据一定的原则将大量的投诉文本按照扎根理论“契合和相关”的标准加以逐级缩编，用概念范畴来正确反映投诉文本的内容，并把投诉文本以及抽象出来的概念打破、揉碎并重新综合的过程[180]。开放式编码阶段是扎根理论的基础，此部分需紧紧依靠于所收集的文本资料来进行编码。通过对获取的有效投诉文本的逐条阅读和分析，发现投诉原文中出现的现象，再对其进行概念化命名。概念化命名可用投诉原文中出现的语句，也可以用笔者从文献阅读、社会经验中获取到的概念。概念化命名结束之后对重复的概念进行整合，最终得到了67个概念范畴，为下一步的主轴式编码提供了编码基础。由于同一概念范畴对应的投诉原文较多且篇幅有限，因此不一一列举每例投诉的概念提取过程。此处将概念对应的投诉文本进行划分整合之后随机抽取一例投诉文本进行展示，如表4-1所示：

表 4-1 概念范畴提取示例

原始资料	概念提取
(1)旅游社取消活动,求返还金额,当时同意返还,可是到目前为止一直迟迟没有返还 (2)因机票的原因导致要提前一天到达,就立马联系平台希望把酒店日期改前一天,平台拒绝说取消和修改都不行,要扣除全部房费 (3)申请了退款,旅游社表示退房需要付 10% 手续费表示同意后未退回 90% 的钱款 (4)购买了两件翡翠,总价值 21 272 元,回家乡后找人估值,两件翡翠总价值不超过 2000 元,打电话给商家协商退货无门	拖延退款、拒绝改退预定、不退款、无法退货
(1)网站上一次有效签证费用为人民币 2000 元,旅游社的日本签证报价是 800 元,高额的手续费收取根本不合理 (2)平台购买低价机票必须捆绑销售保险 (3)保证全程无任何收费项目、无强制购物后导游要求每人 5000 元购物指标 (4)平台官网上查询机票价格为 787 元,因为是公司客户然后我就打电话给客服订票,客服给我报价竟然是 1050 元	不合理收费、捆绑销售、强制消费、高价倒卖
(1)平台不作为未尽到协助退订的义务 (2)平台票退款流程不规范	未履行相关义务、工作流程存在问题
(1)我们的导游弃团自行乘飞机走了 (2)临时通知是我们的团不能成团,要我们要么换时间,要么换目的地 (3)成团出发时才知道带我们出团的不是报名的国旅,而是由各家不知名的小旅游社组成的大拼团,行程中不敢举团旗 (4)平台在没有跟我取得任何联系的情况下强制给我的订单取消了并且退款	甩客甩团、临时变更行程、私自转团拼团、单方私自取消订单
(1)旅游饭店卫生恶劣吃出头发和塑料碎片 (2)接待用车的雨刮器是坏的,中途在路上司机尝试修理,没修理好存在安全隐患 (3)吃团队餐后整个团队不同程度腹泻,其中两人病情严重,在登机前 1 个小时被机场救护车送至机场医院 (4)平台泄露客户信用卡信息	卫生环境差、存在安全隐患、食物中毒、信息被泄露
(1)购买木雕工作人员欺骗为柏崖木,快递过程中损坏,通过损坏部分看出,那根本不是什么"木",而是一种"塑料" (2)云南丽江导游暴力敲诈游客四千多元 (3)旅游社途中上客 1 次下客 2 次,对车上所有乘客造成安全隐患导致本人在下车后发现行李丢失 (4)游客没有放香火钱或者放的少,就被其中的几个和尚辱骂,说游客素质差,并强行拉扯客人 (5)昆明商城水晶诱骗顾客宰客	购物被欺骗、被敲诈、财物被盗、以"佛"、"教"行骗、被宰客

续表 4-1

原始资料	概念提取
(1)平台旅游现实安排的行程与网页宣传的广告相差很大,有欺骗消费者嫌疑　(2)页面上写明住宿费用总额为98元,到时店家告知需要支付300元的住宿费用　(3)擅自变更旅游行程安排,未按合同和行程单约定的内容和标准为旅客提供服务　(4)平台有严重的违约行为,并未按时发送通知短信,告知消费者正确的集合时间及地点,同时未按订单内容前往场所接消费者　(5)虚假活动,秒杀到特价产品第三天上午接到客服电话,声称由于系统问题导致错误,让我们退票　(6)通过网站在线支付预订黄山惠韵演出门票,从江苏常州赶到黄山后发现无法取票,现场工作人员告知平台并没有预订	虚假宣传、随意变更价格、擅改合同行程、违反合同、虚假活动、虚假预定
(1)旅游社导游殴打游客致骨折　(2)我和女儿在跟团游法国被抢劫　(3)景区当地人强行封路私收过路费	被殴打、遭遇抢劫、当地人坑客
(1)平台无法出票造成无法正常乘机只能改签第二天,但平台拒绝支付造成额外支出的住宿费　(2)客服人员服务态度很差,不能处理客户的问题,还给客户带来了极不好的感知　(3)大多数游客多次被耽误时间等待导游领着自费项目的游客归来,而规定行程内的旅游却被安排到了夜晚或黄昏时分,严重影响了观景质量　(4)司机没锁装行李的门,我的行李箱从2米多高处摔落遗失,里面装的电脑被摔坏	出错拒赔、服务质量差、旅游质量差、财务被损
(1)进行滑草项目,由于设备不合格,工作人员配备不足导致车辆翻倒,致使本人身体多处骨折　(2)入住酒店时被淋浴设备伤害	体验项目中受伤、意外事故
(1)景点管理不规范,门票不是由政府旅游部门统一印刷,而是由该社"手写"票价　(2)以免费手诊为托,高价出售藏药　(3)旅游社在没有通知到消费者的情况下,擅作主张给我们更换了酒店,降低接待标准,擅自从五星酒店换到四星级酒店	景区门票不规范、藏药诈财、接待与预定不符
(1)为公司客户预订重庆酒店。在12月4日前申请了开具发票,一直到12月28日都未收到发票。影响了发票报销事情　(2)网站系统有问题造成订票日期错误导致票作废　(3)在平台订了机票,直到飞机值机要结束前都没有出票	未提供行程单(发票)、工作系统故障、未按时出票
(1)平台侵犯个人隐私　(2)旅游社拿走暂住证不还　(3)平台出卖客户信息	侵犯个人隐私、扣押个人财物、出卖客户信息

续表 4-1

原始资料	概念提取
(1)酒店管理不善骗子随便进出骗钱 (2)平台与无营业执照酒店合作 (3)预订机票时,平台未作任何提醒,让顾客认为所购机票为普通散客票,值机时被告知是团队票,个人无法领取需等领队来领取 (4)三个月之前已经定好了普吉岛的酒店,并在线支付了钱,历尽千辛万苦在泰国除夕到了酒店,居然没有房间 (5)团队住店不同造成接送顺序不同,每天我们比别人少休息 40-60 分钟	管理不善、违规经营、不按预定出票、预定后无房可住、等待时间长
(1)同样的旅游套餐我们被收取 680 元/人的张家界森林公园 2 日游,同样的套餐同行的游客却是 350 元/人左右 (2)云南玉石价格虚高,经多种渠道了解,购买的与实际价格不符,也就是标价的十分之一 (3)购买后回到本地权威机构鉴定,对方表示我所购买的其中一块翡翠(2880 元)棉絮很多、水种很差,根本不值钱 (4)平台与景区之间的传递数据过程出现了问题导致票已被取出使用且无法退款	定价不合理、价格虚高、价质不符、业务办理出错
(1)本人在查询订单信息时意外发现,之前确定的岸上行程(A 线免费)变成了其他线路 (2)并非国旅的官网,却加以 CITS 国旅字样,误导消费者 (3)未按计划完成的行程,平台提出补偿每人 100 块人民币,补偿不合理	单方更改预定、误导消费、赔付不合理
(1)在平台购买了 2 份美国签证包含签证费+服务费,现申请办理美国签证,并缴费预约,那边不同意。不缴费也不履行义务预约面试 (2)平台工作人员错误引导,让我们在规定时间内无法递交完整的办签证资料,却要求我们交 2000 多元的违约金 (3)机票航班早就取消平台不通知,等赶到机场才知晓航班取消,延误第二天时间安排 (4)平台帮我订的飞机票上的姓名拼音错误,未在出票前联系旅客确认身份信息,导致没法登机继续行程	收费不办理签证、办理签证出错、航班延误、工作失误耽误行程
(1)投诉平台网约车车辆调度员让我等待了一个小时之久,严重耽搁了我的其他行程 (2)平台提供错误信息导致已无法赶上航班行程严重受损 (3)在平台预定后给予无效票件导致无法上船游玩	接送车未按时到达、提供错误信息致误机、票据无法使用

注:表格内将涉及的准确名称隐去,统称为景区、平台、酒店等。

4.2.2.2 主轴式编码

主轴式编码将开放性编码所获得的各个独立范畴之间建立起联系，挖掘各项范畴之间潜在的逻辑关系[181]，目的在于区分与精炼范畴。通过发现开放式编码中得到的独立概念范畴之间的潜在关系，再用类属命名对其加以概括，最终得出了13个独立的范畴，其中包括未退应退款、花费超出预算、额外增加花费、被坑被宰、不按合同履约、服务质量差、旅游质量差、发生安全事故、游玩体验时受伤、办理票据耽误、出游途中耽误。

4.2.2.3 选择式编码

选择式编码是对主轴式编码得出的概念范畴再进一步的精简提炼与整合，形成最终的核心类属。经过概括、提取、重组、整合、抽取概念的范畴和类属，此编码阶段最终提炼出了六个核心类属，分别为财务风险、功能风险、身体风险、时间风险、社会风险和隐私风险。

财务风险是指旅游者购买产品（服务），却没有得到相应价值回报的可能性，或是在消费过程中由不利因素造成财物损失、浪费的可能性；功能风险是指旅游产品的质量、服务质量与旅游者的预期存在差别，对旅游者造成不好旅游体验的风险；时间风险是指花费时间在行程以外的事件上导致旅游不能按时完成，造成额外时间被浪费的风险；身体风险是指旅游者在旅游过程中因天气、卫生保健、自然灾害、治安等问题使得游客身体健康受到伤害的可能性[182]；社会风险是指目的地的社会治安较差给旅游者带来损失的可能性；隐私风险是指旅游者在购买产品时信息被企业或商家泄露、出卖的可能性。

2014—2017年，4年总投诉文本资料的三级编码过程如表4-2所示：

表 4-2 2014—2017 年,4 年总投诉文本资料的三级编码过程

开放式编码	主轴式编码	选择式编码
拖延退款(97)、不退款(287)、出错拒赔(46)、扣押个人财物(21)、赔付不合理(36)	未退应退款	财务风险
变相涨价(81)、高价倒卖(15)、虚假预定(133)、定价不合理(33)、预定后无房可住(91)	花费超出预算	
不合理收费(375)、捆绑销售(15)、强制消费(328)、误导消费(78)、财物被损(8)	额外增加花费	
购物被欺骗(292)、以"佛"行骗(12)、被宰客(32)、门票不规范(3)、藏药诈财(26)、无法退货(173)、价格虚高(153)、价质不符(60)	被坑被宰	
甩团甩客(24)、临时变更行程(19)、私自转团拼团(34)、单方取消订单(143)、擅改合同行程(293)、违反合同(65)、接待与预定不符(107)、单方更改预定(56)、不按预定出票(27)	不按合同履约	功能风险
拒绝改退预定(211)、未履行义务(145)、服务态度差(181)、工作系统故障(29)、办理业务出错(38)、工作流程存在问题(26)、未提供发票(行程单)(56)、虚假活动(73)、虚假宣传(123)	服务质量差	
卫生环境差(10)、管理不善(36)、违规经营(28)、旅游体验差(98)、存在安全隐患(18)	旅游质量差	
收费不办理签证(4)、办理签证出错(16)、工作失误耽误行程(54)、未按时出票(39)、提供错误信息致误机(10)	办理票据耽误	时间风险
航班延误(14)、等待时间长(15)、接送车未按时到达(8)、票据无法使用(26)	出游途中耽误	
被殴打(16)、意外事故(37)、食物中毒(10) 体验项目中受伤(15)、. 动物抓伤(4)	发生安全事故 游玩体验时受伤	身体风险
财物被盗(5)、被敲诈(5)、当地人坑客(15)、遭遇抢劫(1)	治安差	社会风险
侵犯隐私(2)、信息被泄露(7)、出卖客户信息(1)	相关信息泄露	隐私风险

注:开放式编码中括数字表示投诉出现的次数。

4.3 旅游风险评估

通过将开放式编码中得到的概念范畴的出现次数加以归类、计算,可以得出主轴式编码中独立范畴以及选择式编码中核心范畴的各个类型的比例数据。计算结果如表4-3所示:①财务风险和功能风险是投诉中风险占比最大的两类。②财务风险中,增加额外花费和被坑被宰是两大构成要素,其中不合理收费、强制消费、购物被欺骗、无法退货、价格虚高等都是财务损失的主要方面。拖延退款和不退款也是其中较为重要的一块内容。③功能风险主要表现在不按合同履约和服务质量差两个方面。单方取消订单、擅改合同行程、拒绝改退预定、未履行义务、服务态度差都是旅游者投诉较多的类型。④时间风险包括出行证件票据办理出错导致不能出行和出行途中耽误造成不能履行行程计划两方面。⑤意外事故、被殴打、体验项目中受伤是身体风险投诉的主要对象,食物中毒和被动物抓伤也时有发生投诉。⑥社会风险和隐私风险是投诉最低的两类风险类型,两者合计都未超过2%。

表4-3 范畴比例数据

<table>
<tr><th>主轴式编码(独立范畴)</th><th>选择式编码</th></tr>
<tr><td>未退应退款(10.73%)
花费超出预算(7.78%)
额外增加花费(17.71%)
被坑被宰(16.55%)</td><td>财务风险(52.77%)</td></tr>
<tr><td>不按合同履约(16.92%)
服务质量差(19.43%)
旅游质量差(4.19%)</td><td>功能风险(40.54%)</td></tr>
<tr><td>办理票据耽误(2.71%)
出游途中耽误(1.39%)</td><td>时间风险(4.1%)</td></tr>
<tr><td>发生安全事故(1.39%)
游玩体验时受伤(0.42)</td><td>身体风险(1.81%)</td></tr>
<tr><td>治安不好(0.57%)</td><td>社会风险(0.57%)</td></tr>
<tr><td>相关信息泄露(0.22%)</td><td>隐私风险(0.22%)</td></tr>
</table>

将三级编码中得到的独立范畴按年份与风险类型划分得到以下数据，如表4-4、表4-5所示：①不同年份之间风险类型的结构比例存在着一定的规律，2014年至2017年每年财务风险和功能风险两者比例合计都超过了90%；其余的身体风险、时间风险、社会风险、隐私风险则占比相对较小，总计都小于10%。②从2014年至2016年的数据来看：财务风险占主要位置并且比例不断增加；功能风险是继财务风险后的第二大旅游风险类型，随着时间的增长有稍许的降低。时间风险与身体风险由于包含着不可控因素（如不利天气造成航班晚点或身体伤害），这可能是时间风险与身体风险在一定范围内小幅度变化的原因。社会风险比例在2014年至2016年三年中不断降低，侧面反映出旅游目的地的治安条件可能在不断地改善。隐私风险作为发生概率较低的风险类型，随着时间的增长小幅度地上升。两大原因可能导致该结果，一是线上旅游平台的广泛使用给个人信息的保护工作造成一定的难度；二是人们越来越注重个人隐私信息的保护。③从平台可查的最早年份投诉总条数来看，直至2016年投诉总数都在不断增加，而在2017年却反向增长（相对于2016年减少300余条）；风险类型构成比例也发生了较大的变化。国家旅游局2017年发布《国家旅游局关于规范旅游社经营行为维护游客合法权益的通知》《研学旅游服务规范》《旅游民宿基本要求与评价》及其他多份文件，目的在于规范旅游企业的操作、保护旅游者权益等，进而促进旅游业的健康发展。这可能是2017年旅游投诉下降以及风险类型比例变化的主要原因。

表4-4 各年风险类型投诉条数

年份	财务风险	功能风险	时间风险	身体风险	社会风险	隐私风险	合计
2014年	440	404	30	19	10	2	905
2015年	721	480	52	20	8	3	1284
2016年	778	477	43	27	4	5	1334
2017年	461	477	57	17	4	0	1016

表 4-5　各年风险类型比例

年份	财务风险	功能风险	身体风险	时间风险	社会风险	隐私风险
2014 年	48.62%	44.64%	3.31%	2.10%	1.10%	0.22%
2015 年	56.15%	37.38%	4.05%	1.56%	0.62%	0.23%
2016 年	58.32%	35.81%	3.22%	2.02%	0.30%	0.37%
2017 年	45.37%	46.95%	5.61%	1.67%	0.39%	0.00%

4.4　旅游风险应对

基于上述结果,结合旅游 3·15 投诉平台上游客的投诉信息和国内旅游业发展的危机管理,从旅游行政管理部门、旅游企业、旅游者三个角度提出对策来降低游客在旅游过程中发生不利事件的概率,即降低旅游风险,对于构建和谐的旅游环境有着重要的指导意义。

4.4.1　旅游行政管理部门

作为整个旅游活动环节中最具权威的角色,旅游行政管理部门在旅游风险管理中发挥着重要的作用。为降低旅游风险,旅游及相关行政管理部门应做到:

(1)行政管理人员尤其是基层的管理人员要树立正确的旅游风险意识,并不只有严重的旅游安全事故才能视为旅游风险,旅游者的财务损失,时间损失也是旅游风险中的一部分。避免出现因"事小"忽视而不为的状况。

(2)建立合理有效的反馈机制。导游威胁欺客购物、商家宰客毫无忌肆与此不无关系。游客受了欺宰反馈到相关部门,而相关部门的长时不处理甚至不解决都会给不法分子带来侥幸心理的恶性助长,形成一个恶性循环。合理有效的反馈机制首先能够快速及时地解决游客的损失问题,还能对不法分子起到一定的威慑作用。

(3)加强价格管理机制,针对节假日时在线旅游平台、酒店、景区的价格涨幅,避免出现坐地起价、加价出票等宰客乱象;对大排档和海鲜等市场进

行价格检查，尤其要查明是否存在模糊定价或者误导性定价。

(4)加强对旅游企业的管理，严格取缔没有营业执照的酒店、餐馆、购物点等商家的经营资格；定时对景区、住宿的接待环境进行安全检查，排除存在的安全隐患因素，为游客创建一个安全的旅游环境；制定专项的旅游购物法律条文，约束购物店行为，同时要严格筛选新加入的旅游购物店，对一些价格虚高的购物店要严格取缔。

(5)加强对开设如漂流、滑草、滑沙等具有危险性的体验项目的组织方的管控，包括指导人员是否专业、安全设备设施是否齐全、相关救援机制是否配备等。降低危险性体验项目对旅游者人身伤害几率。

(6)依法完善旅游社(传统旅游社和OTA)管理制度，对于旅游风险问题涉及的不按合同履约、私自降低服务标准、泄露游客相关信息的旅游社进行惩治，并对辖区内的旅游社进行信用等级评价，建立旅游社“黑名单”制度，对严重违法的旅游社进行曝光，并处以重罚。这不仅可以对旅游者起到鉴别优劣旅游企业的作用，也可对其他的旅游企业起到警示的作用。

4.4.2 旅游企业

旅游企业是旅游者投诉的主要对象，从旅游企业角度，应做到：

(1)旅游企业应规范自身的工作服务流程、服务标准等方面事宜，避免出现预定、退订、退款等工作过程出现混乱造成服务质量下降。

(2)旅游社、线上旅游平台在选择合作对象前要进行审核，如地接社是否具有经营的资格、是否符合旅游者预定的标准。

(3)加强本企业员工的职业素质教育，尤其针对与旅游者有直接接触的一线员工，如导游、售后人员等。通过加强职业素质，服务人员可为旅游者提供更加专业的服务，降低旅游者风险。

(4)景区与酒店等接待方要增加自检环节，定期检查设施设备是否处于正常工作状态、有无潜在安全隐患，排除潜在的危险因素。此举不仅可以在较大程度上避免因安全事故发生造成的损失，也可降低旅游者风险。

(5)开设具有危险性项目，要注重从业人员的熟练程度及技巧的测验，通过不断的安全培训之后再允许上岗，为游客提供更安全、专业的服务。

4.4.3 旅游者

旅游者作为旅游投诉的主体,应该做到:

(1)旅游者首先应该加强自我教育,提高旅游风险意识。在选择旅游企业时应学会理性判别,拒绝选择无经营资格的企业或商家。

(2)应注意理性消费,克服贪小便宜的心理,不被网站平台的宣传迷惑,拒绝"零负团费"和垫款行为,选择适合自己并且可信的旅游企业,如信誉度高的旅游社、OTA 和酒店等。

(3)旅游活动的期望不要过高,是降低绩效风险的有效途径之一。

(4)问清食品价格再出手,只进明码标价的餐厅,避免因模糊标价而被坑被宰。

(5)在消费时保持理性,不因销售人员的推销或是旁人的影响冲动消费。

第五章

案例——基于指标体系的旅游景区风险评估

旅游景区风险问题是制约我国旅游业发展的又一新“瓶颈”，严重阻碍着旅游景区的正常发展，也制约着旅游地社会经济的发展。研究者多对旅游地自然灾害风险的形成、演变及影响进行了相关研究，对风险评价没有形成可行的技术框架，定量和半定量的分析较少。为了弥补国内该领域研究的不足，针对景区的特殊环境构建一套景区风险评价指标体系，为景区的进一步发展提供合理的指导。

5.1 数据来源与指标体系构建

5.1.1 数据资料来源

该研究采用的数据包括我国主要省份地质灾害（滑坡、崩塌、泥石流、地面塌陷）发生和造成伤亡的数据、地震灾害发生的强度和频次数据、森林火灾发生的频次数据，从《2014 年中国统计年鉴》获取景区收入和接待游客量，从《2013 年中国旅游统计年鉴》中获取景区分布情况，从岑乔等人的《调查整理报告》中获取脆弱性分析的相关数据。

5.1.2 评价指标选择

危险性主要衡量景区致灾因子，包括自然灾害发生的频率、强度等因

素。不同类型的自然灾害发生在不同景区,造成的影响差别极大,所以要针对自然灾害自身的特点来选取不同的评价指标。目前来看,我国大部分景区主要受地质灾害、地震灾害和森林火灾的影响,所以选取各省地质灾害,如滑坡、崩塌、泥石流、地面塌陷发生的频数、地震灾害发生的频数和森林火灾发生的频数3个指标作为景区风险的危险性评价指标。

前面已经提到,暴露是自然灾害转变为灾难的必要条件。景区自然灾害承灾体主要包括游客、景区工作人员、本地居民、旅游资源和基础设施及服务设施。该研究采用各地区过夜游客的人数、地区国际旅游(外汇)收入和景区分布情况3个指标作为景区风险暴露评价指标。

脆弱性主要考虑的是在政治、经济、文化背景下,某旅游地对某种致灾因子表现出的易于受到伤害和损失的性质,包括个体脆弱性和社会脆弱性,社会脆弱性又可以进一步分为敏感性、应对能力和恢复力。选取游客的风险意识、景区管理人员的管理水平、景区建筑物的质量和建筑年限以及景区灾害预测、预警系统4个指标作为景区风险脆弱性评价指标。据此构建指标体系见表5-1。

表5-1　景区风险评价指标体系

总目标	分目标	子目标
风险(A)	危险性(B1)	地质灾害发生总数(C11)
		地震灾害发生次数(C12)
		森林火灾发生次数(C13)
	脆弱性(B2)	游客风险意识(C21)
		景区危机管理的认知(C22)
		景区建筑物的质量和建筑年限(C23)
		监测、预警的科技手段(C24)
	暴露(B3)	旅游入境过夜游客人数(C31)
		景区总数(C32)
		国际旅游收入(C33)

5.1.3 评价指标数据标准化

由于不同评价指标数据的单位和量纲不同，往往不可直接进行比较，这对评价结果会产生一定的影响。因此，在确定评价指标后，需要对评价指标的原始数据进行标准化处理，以便进行景区自然灾害风险评价。该研究采用 SPSS 软件对原始数据进行标准化处理。

5.2 全国旅游景区综合风险评价

5.2.1 主成分分析

前面已经提到，在多指标建模过程中，权重分配不可避免，确定指标权重的方法主要有主观赋权法和客观赋权法，利用传统指标体系评价自然灾害风险时，多采用专家打分法、经验权数法和层次分析法等主观赋权法，为增强研究成果的客观性，该研究采用定量的方法，使用主成分分析确定指标权重。

主成分分析的基本原理如下：假定有 n 个研究区域，每个研究区域共有 p 个指标变量，则构成了一个 n×p 阶的地理数据矩阵：

$$\begin{pmatrix} x_{11} & x_{12} & \cdots & x_{13} \\ x_{21} & x_{22} & \cdots & x_{23} \\ \cdots & \cdots & \cdots & \cdots \\ x_{n1} & x_{n2} & \cdots & x_{np} \end{pmatrix} \tag{1}$$

利用 p 个原始变量构成少量几个新的综合变量，使得新变量为原始变量的线性组合，这样定义 $x_1, x_2, \cdots, x_p$ 为原变量指标，p 为变量个数，$U_1, U_2, \cdots, U_m (m \leqslant p)$ 为新的综合变量指标，m 为选定的主成分的个数，则主成分分析的数学模型为：

$$\begin{aligned} U_1 &= l_{11}x_1 + l_{12}x_2 + \cdots + l_{1p}x_p \\ U_2 &= l_{21}x_1 + l_{22}x_2 + \cdots + l_{2p}x_p \\ &\cdots\cdots\cdots\cdots \\ U_m &= l_{m1}x_1 + l_{m2}x_2 + \cdots + l_{mp}x_p \end{aligned} \tag{2}$$

(2)式中,l_{m1},l_{m2},…,l_{mp}为线性组合系数。

主成分具有如下几个性质:

(1)组合系数($lm1$,$lm2$,…,lmp)构成的向量为单位向量。

(2)Ui 与 Uj($i \neq j$;$i,j=1,2,\cdots,m$)相互无关。即对任意 i 和 j,Ui 与 Uj 的相关系数 $Corr(Ui,Uj)=0$。

(3)主成分和原变量的相关系数 $Corr(U_i,x_j)=l_{ij}$。

(4)各主成分的方差是依次递减的,即:U_1是一切线性组合中方差最大者;U_2是与 U_1不相关的 $U_1,U_2,\cdots,U_p$的所有线性组合中方差最大者;U_m是与 $U_1,U_2,\cdots,U_{m-1}$都不相关的 $U_1,U_2,\cdots,U_p$的所有线性组合中方差最大者。这样决定的新变量指标 $U_1,U_2,\cdots,U_m$分别称为原变量指标 $x_1,x_2,\cdots,x_p$的第一,第二,…,第 m 主因子。其中,U_1在总方差中占的比例最大,$U_2,U_3,\cdots,U_m$的方差依次递减。

(5)总方差不发生较大变化,即 $Var(U_1)+Var(U_2)+\cdots+Var(U_m)=Var(x_1)+Var(x_2)+\cdots+Var(x_p)$。这一性质说明,主成分是原变量的线性组合,是对原变量信息的一种改组,主成分不增加总信息量,也不减少总信息量。

(6)令 $x_1,x_2,\cdots,x_p$的相关矩阵为 R,($a_{i1},a_{i2},\cdots,a_{ip}$)则是相关矩阵 R 的第 i 个特征向量。而且,相关矩阵 R 的第 i 个特征值 l_i就是第 i 主成分的方差,且 $l_1 \geqslant l_2 \geqslant \cdots \geqslant l_p \geqslant 0$。

主成分分析的计算步骤:

(1)原始指标数据的标准化采集,根据 n 个样本的 p 维指标体系,构造样本阵,并对原始值进行标准化变换,得到标准化阵 Z。

(2)对标准化阵 Z,求相关系数矩阵:$R=[r_{ij}]_p xp=\frac{Z^T Z}{n-1}$其中,$r_{ij}=\frac{\sum z_{kj} \cdot z_{kj}}{n-1}, i,j=1,2,\cdots,p$。

(3)解样本相关矩阵 R 的特征方程$|R-\lambda I_p|=0$得 p 个特征根,确定主成分。

按 $\frac{\sum_{j=1}^{m} \lambda_j}{\sum_{j=1}^{p} \lambda_j} \geqslant 0.85$ 确定 m 值,使信息的利用率达 85%,对每个 λ_j($j=1$,

$2, \cdots, m)$，解方程组 $Rb=\lambda_j b$ 得单位特征向量 b_j^o。

(4)将标准化后的指标变量转换为主成分：$U_{ij}=z_i^T b_j^o, j=1,2,\cdots,m$，$U_1$ 称为第一主成分，U_2 称为第二主成分，…Up 称为第 p 主成分。

(5)对 m 个主成分进行综合评价，对 m 个主成分进行加权求和，即得最终评价值，权数为每个主成分的方差贡献率。

使用主成分分析方法时，要确定指标相互无关，增加其科学性。对景区风险指标中的危险性、脆弱性和暴露方面的指标进行相关性的分析，如表 5-2、表 5-3 和表 5-4。

表 5-2 风险性指标的相关性分析

指标		地质灾害发生总数	森林火灾发生总数	地震灾害发生总数
地质灾害发生总数	Pearson 相关性	1	0.272	-0.059
	显著性(双侧)		0.138	0.753
	N	31	31	31
森林火灾发生次数	Pearson 相关性	0.272	1	0.091
	显著性(双侧)	0.138		0.628
	N	31	31	31
地震灾害发生次数	Pearson 相关性	-0.059	0.091	1
	显著性(双侧)	0.753	0.628	
	N	31	31	31

表 5-3 脆弱性指标的相关性分析

指标		游客风险意识	景区危机管理的认知	景区危机管理重要程度认识	监测、预警的科技手段
游客风险意识	Pearson 相关性	1	-0.206	0.321	0.273
	显著性(双侧)		0.266	0.078	0.137
	N	31	31	31	31
景区危机管理的认知	Pearson 相关性	-0.206	1	0.242	0.132
	显著性(双侧)	0.266		0.190	0.480
	N	31	31	31	31
景区危机管理重要程度认识	Pearson 相关性	0.321	0.242	1	0.198
	显著性(双侧)	0.078	0.190		0.285
	N	31	31	31	31
监测、预警的科技手段	Pearson 相关性	0.273	0.132	0.198	1
	显著性(双侧)	0.137	0.480	0.285	
	N	31	31	31	31

表 5-4 暴露指标的相关性分析

指标		旅游入境过夜游客人数	国际旅游收入(百万美元)	景区总数
旅游入境过夜游客人数	Pearson 相关性	1	0.933**	0.072
	显著性(双侧)		0	0.699
	N	31	31	31
国际旅游收入(百万美元)	Pearson 相关性	0.933**	1	0.107
	显著性(双侧)	0		0.565
	N	31	31	31
景区总数	Pearson 相关性	0.072	0.107	1
	显著性(双侧)	0.699	0.565	
	N	31	31	31

主成分分析要求各指标之间相互无关，对数据进行相关分析后，发现符合主成分分析的要求。分析的结果如表 5-5 所示。

表 5-5 主成分提取结果

成分	初始特征值			提取平方和载入		
	合计	方差（%）	累积（%）	合计	方差（%）	累积（%）
1	2.338	23.379	23.379	2.338	23.379	23.379
2	1.902	19.017	42.396	1.902	19.017	42.396
3	1.521	15.206	57.602	1.521	15.206	57.602
4	1.168	11.682	69.284	1.168	11.682	69.284
5	1.000	10.003	79.287	1	10.003	79.287
6	0.791	7.906	87.194			
7	0.612	6.118	93.312			
8	0.357	3.565	96.877			
9	0.261	2.610	99.487			
10	0.051	0.513	100			

5.2.2 旅游景区风险评价

以上 10 个指标不同程度地影响各省份的景区风险。前 5 个主成分的累计方差贡献率近 80%，且第 6 个成分方差贡献率不足 10%，因此，该研究选用前 5 个主成分。由表 5-5 得到的 10 个特征根，与各指标在各主成分的载荷值相乘，得到特征向量，并利用特征向量将标准化后的指标变量转换为主成分值（表 5-6）。

表 5-6 我国主要省、市、自治区主成分值

省份	F1	F2	F3	F4	F5
北京	0.197	0.767	0.743	-0.183	-0.387
湖北	0.446	0.513	0.385	-0.370	-0.885
天津	-0.484	-0.089	0.413	-0.146	-0.795

续表 5-6

省份	F1	F2	F3	F4	F5
湖南	0.184	-0.666	-2.192	0.644	-0.456
河北	-0.671	1.353	0.545	0.148	-0.825
广东	4.741	0.218	-0.179	0.132	-0.456
山西	-0.769	0.347	0.210	0.222	-0.749
广西	-0.122	0.095	-0.661	0.375	-0.597
内蒙古	-0.460	0.879	0.892	0.370	-0.816
海南	-0.025	-1.569	1.216	-0.425	0.062
辽宁	0.234	-0.020	2.466	1.547	0.803
重庆	-0.446	-0.757	-0.500	-0.616	0.038
吉林	-0.182	-0.206	0.610	-1.154	-0.891
四川	0.347	-0.342	-0.796	1.952	0.490
黑龙江	-0.331	0.437	1.224	-0.287	-0.218
贵州	-0.921	0.115	-0.312	0.834	-0.721
江苏	-0.446	2.055	-1.293	-1.565	2.859
云南	-0.503	0.275	-0.462	1.430	-0.666
浙江	0.466	0.752	-1.019	-0.361	0.020
陕西	-0.192	1.055	0.695	0.874	2.470
安徽	0.145	-0.008	-0.375	-1.223	0.379
甘肃	0.214	-2.018	-0.599	1.332	1.960
福建	0.472	-0.433	0.490	-0.085	-0.318
青海	-0.658	-1.451	0.965	0.646	0.526
江西	-0.079	-1.049	-0.388	-1.386	-0.314
宁夏	-0.389	-1.481	-0.516	-1.661	-0.602
山东	0.282	1.596	0.635	-0.965	0.058
新疆	-0.268	-1.249	-0.102	-1.354	1.005
河南	-0.825	0.881	-2.097	1.275	-0.975

以每个主成分所对应的特征值占所提取主成分总的特征值之和的比例作为权重构造主成分综合模型：

$$F=\frac{\lambda_1}{\lambda_1+\lambda_2+\lambda_3+\lambda_4+\lambda_5}F_1+\frac{\lambda_2}{\lambda_1+\lambda_2+\lambda_3+\lambda_4+\lambda_5}F_2+\frac{\lambda_3}{\lambda_1+\lambda_2+\lambda_3+\lambda_4+\lambda_5}F_3+\frac{\lambda_4}{\lambda_1+\lambda_2+\lambda_3+\lambda_4+\lambda_5}F_4+\frac{\lambda_5}{\lambda_1+\lambda_2+\lambda_3+\lambda_4+\lambda_5}F_5$$

由以上公式可得5个权重分别为0.286,0.243,0.193,0.149,0.129。按此权重对各个省份的5个主成分进行加权求和,得到综合评价。但由于主成分分析出现了负数,为了便于对全国主要省份景区风险等级进行划分,根据统计学中的3σ原则,运用公式 $F_{\kappa}^{i}=H+F_{\kappa}$ 进行坐标平移,消除负数影响,得到主要省份景区风险综合评分按由大到小顺序排列(见表5-7)。

表5-7 景区风险综合得分

省份	综合得分	排名	省份	综合得分	排名
广东	2.269	1	广西	0.777	16
辽宁	1.797	2	山西	0.741	17
陕西	1.692	3	青海	0.718	18
山东	1.326	4	海南	0.703	19
湖北	1.217	5	天津	0.699	20
北京	1.206	6	贵州	0.639	21
四川	1.199	7	安徽	0.608	22
黑龙江	1.121	8	河南	0.455	23
内蒙古	1.104	9	江西	0.410	24
河北	1.05	10	湖南	0.409	25
福建	1.022	11	重庆	0.399	26
甘肃	0.966	12	宁夏	0.240	27
浙江	0.947	13	新疆	0.100	28
吉林	0.904	14	江苏	0.091	29
云南	0.801	15			

由表5-7可知,广东的景区风险最大,江苏的景区风险最小,据此可将我国主要省份的景区风险分为3个等级:

(1)景区风险强的省份(自治区、直辖市):广东、辽宁、陕西、山东、湖北、

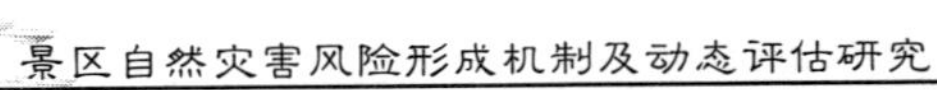

北京、四川、黑龙江、内蒙古。

(2)景区风险中等的省份(自治区、直辖市):河北、福建、甘肃、浙江、吉林、云南、广西、山西、青海、海南。

(3)景区风险弱的省份(自治区、直辖市):天津、贵州、安徽、河南、江西、湖南、重庆、宁夏、新疆、江苏。

第六章

案例——基于情景模拟的景区风险评估

6.1 中国3A级以上景区地震风险评估

目前,中国已形成世界上规模最大、增速最快、潜力最强的入境旅游市场,中国现已成为世界第一大出境旅游客源国、第三大入境旅游目的地国家。旅游业发展迅速,但由于缺乏必要的风险防范意识、有效的管理机制和手段,旅游安全事故频发,损失逐年攀升。安全是旅游的生命线,是影响旅游活动能否正常进行的关键因素[183]。地震通常被认为是对人类构成威胁的最危险的自然现象,当发生在工业化和人口密集地区时,可能是毁灭性的[184]。2017年8月8日21时19分46秒,四川九寨沟景区发生7.0级地震,震源深度达20千米,此次地震造成多人伤亡(包含游客)和上万间房屋建筑损毁。地震灾害给旅游景区带来严重伤害。地震风险评估的研究还处在起步和发展阶段,我国的地震灾害评估系统多是针对震后灾害的损失评估,而针对特定地区在特定期间可能导致的地震灾害预估系统则很少。近年来,地震的风险评估取得一定的研究成果,然而,关于旅游景区的地震风险评估的研究仍较少,研究方法和理论仍需进一步完善。

6.1.1 中国3A级以上景区风险辨识

中国领土辽阔广大,总面积约960万平方千米。位于欧亚大陆的东南

部,西太平洋地震带和地中海—喜马拉雅地震带之间,东部受到太平洋板块、菲律宾海板块、北美板块运动的影响,西南部直接受到印度板块运动的影响。晚新生代以来构造运动强烈,包括各种各样的构造变形带。第四纪时期特别是晚第四纪以来,大部分变形带仍强烈活动,地震活动经常发生。近年来,我国发生了唐山大地震、汶川大地震和四川九寨沟地震以及大大小小的多次地震,地震给人们的生产、生活带来很大的影响,甚至威胁到生命安全。整体上看,中国大陆东部和西部的地震活动存在显著差异,大致以东经105°为界,西部地区的地震活动明显强于东部,西部地区地震强度大、频度高。

中国旅游资源丰富,拥有各种各样的人文资源、自然资源等,截至2016年,中国共有3228个A级旅游景区。其中5A级旅游景区215个,4A级旅游景区1419个,3A级旅游景区1594个。中国3A级以上景区具有典型的“类型极化、区域分化、板块集聚”的总体特征,胡焕庸线两侧景区密度悬殊,东南半壁尤其是京津地区、长三角城市群、珠三角城市群、成渝地区等集聚了大量景区,西北和东北地区分布较少[185]。

由于地震频发、旅游资源丰富等因素,景区较一般区域更易遭受地震的威胁,具有更加严格的挑战,因此,研究地震造成景区的旅游风险对景区的健康发展具有很重要的意义。

6.1.2 中国3A级以上景区风险分析

6.1.2.1 研究方法和数据来源

根据获取到的数据和信息对中国3A级以上景区进行暴露分析。同时,运用风险评估模型:风险=危险性×暴露,通过定量化的方法将地震危险性等级和暴露的景区价值和数量进行耦合,得到中国3A级以上景区的地震风险。

研究对象是中国的各省、自治区、直辖市(台湾省、香港、澳门特别行政区除外)的3A级以上景区,数据来源于《中国地震动参数区划图(GB18306—2015)》(中华人民共和国国家质量监督检验检疫总局和中国国家标准化管理委员会,2015)和中华人民共和国文化和旅游部官网,对研究范围内的旅游景区的分布数量、价值量及名称、地理坐标等资料进行获取。

通过 ArcGIS10.2 软件将全国各区域的旅游资源单体的经纬度数据进行地理编码,从而很明确的看出分布情况。

6.1.2.2 风险分析过程

1. 地震危险性分析

中国国土面积大、地形复杂,从古至今,已经发生很多次大大小小的地震,有些地震发生在人口密集的地区,有些发生在人烟稀少的地区,又因为其他因素的存在,每次地震带来的影响也是不同的,与地震有关的参数主要有地震的震级、烈度、频度、动峰值加速度等。震级根据地震仪测量出的此次地震活动释放能量的多少来确定;烈度是指地震对所涉及的地面及房屋等造成的毁坏水平;地震频度是指在一定的时间范围内发生的地震活动的次数;地震动峰值加速度表征地震作用强弱程度,对应于地震动加速度反应谱最大值的水平加速度,可以作为确定烈度的依据。

《中国地震动峰值加速度区划图》将中国国土划分为不同的峰值加速度区域,并作为确定烈度的重要依据,是所有建设工程抗震设防标准的重要参考,也是各级政府进行城市用地、防震减灾等规划时参考的重要依据[186]。地震动峰值加速度相比于烈度更能准确地反映地震对地面造成的损坏程度。中国地震局 2007 年启动了新版地震区划图的编制工作,2015 年 5 月 15 日由国家质量检验检疫总局和国家标准化管理委员会公告发布第五代地震区划图。在《中国地震动峰值加速度区划图》中,将全国根据Ⅱ类场地上基本地震动峰值加速度数值的不同划分为不同的区域,不同分区所对应的峰值加速度范围如表 6-1。因加速度制定时采用一定的原则引起分区值变化的区域很小,0.05 分区不受影响,本书不考虑 0.05 分区的情况下,将全国区域未来可能遭遇的地震按照地震动峰值加速度的不同划分为 5 个等级,极高(0.38—0.75)、较高(0.28—0.38)、中等(0.19—0.28)、较低(0.14—0.19)和极低(0.09—0.14)五个等级,分别划定分值为 5、4、3、2 和 1。

表 6-1　地震动峰值加速度分区的峰值加速度范围

地震动峰值加速度 a_{max} 分区值	地震动峰值加速度 a_{max} 范围
0.40 g	0.38 g<=a_{max}<0.75 g
0.30 g	0.28 g<=a_{max}<0.38 g
0.20 g	0.19 g<=a_{max}<0.28 g
0.15 g	0.14 g<=a_{max}<0.19 g
0.10 g	0.09 g<=a_{max}<0.14 g
0.05 g	0.04 g<=a_{max}<0.09 g

2. 中国 3A 级以上景区暴露分析

关于地震风险的大小是指在一定的自然环境条件下，由地震的危险性和景区的暴露大小共同决定的，所以，对景区进行地震灾害评估不仅仅需要对地震灾害危险性进行分析，还需要对景区的暴露进行分析，对 3A 级以上景区的暴露的分析主要针对景区的数量和价值暴露分析。

利用 ArcGIS 软件将中国地震动峰值加速度区划图和中国 3A 级以上景区分布图叠加，得到中国 3A 级以上景区地震暴露分布图。根据暴露分布图，可得到 3A 级以上各个景区所处地区的动峰值加速度，再利用统计结果计算出中国 3A 级以上景区暴露在不同地震等级中的数量，详见表 6-2。

表 6-2　中国 3A 级以上景区暴露在不同地震等级中的数量

景区级别	地震危险等级					总计(单位/处)
	1	2	3	4	5	
3A	111	38	90	8	0	247
4A	179	57	159	8	0	403
5A	16	4	16	1	0	37
总计(单位/处)	306	99	265	17	0	687

从上表可以得出：

(1)从景区角度来看，全国3A级以上景区暴露在地震危险各等级中的3A级景区总共有247处，4A级景区有403处，5A级景区有37处。从数量角度体现了暴露在地震危险等级下的4A级景区最多，5A级景区最少，说明仅考虑数量方面，4A级景区受地震的影响最大，5A级景区受地震的影响最小。

(2)从暴露在不同地震危险等级的角度来看，3A级以上景区暴露在地震危险等级1(极低)的有306处，地震危险等级2(低)的有99处，地震危险等级3(中)的有265处，地震危险等级4(高)的有17处，地震危险等级5(极高)的0处。中国3A级以上景区大多暴露在地震危险等级1(极低)和2(低)的情况下，极少的景区暴露在地震等级4(高)和5(极高)下，说明大部分景区都处于较低的地震危险中，只有极少数处于较高地震危险中。

6.1.3 中国3A级以上景区风险评估

评估地震带来的影响有很多原因，但最重要的是，决策者可以用灾难影响的场景确定灾害的预防措施从而减轻地震事件的社会和经济后果[187]。根据地震灾害的危险性和中国3A级以上景区在地震灾害下的暴露分析，采用风险评估的基本模型：风险性=危险性×暴露，得到关于中国3A级以上景区的地震风险评估结果。

以地震动峰值加速度衡量危险性、景区级别和数量为暴露指标，对各省、自治区、直辖市(台湾省、香港、澳门特别行政区除外)3A级以上景区进行地震风险分析。以《旅游景区质量等级的划分与评定》(修订)(GB/T17775—2003)中对于A级景区的划分标准，本文对3A级以上景区进行级别划分，分为低、中、高三个等级，分别赋值1、2和3。级别越高，景区暴露在灾害中价值量越大，风险越大。3A级景区价值量为1(低)，4A级景区价值量2(中)，5A景区价值量3(高)。利用公式：R=F(Ed,Ev,En)(式中：R代表地震风险值，Ed代表地震危险性，Ev代表景区暴露价值量，En代表景区暴露数量)得到地震风险值，根据各省份暴露在地震危险性下的数量，运用公式得到各景区不同级别下的风险值以及各风险值相加得到的总风险值。

例如，河北省3A级景区暴露在地震危险等级3中有1处，地震危险等

级2中的有4处,地震危险等级1中的有6处;4A级景区暴露在地震危险等级3中有8处,地震危险等级2中的有3处,地震危险等级1中的有11处;5A级景区暴露在地震危险等级1中有1处,利用公式计算河北3A级景区暴露在地震中的风险值:1×1×6+2×1×4+3×1×1=17,河北4A级景区暴露在地震中的风险值:1×2×11+2×2×3+3×2×8=82,河北5A级景区暴露在地震中的风险值:1×3×1=3,总风险值是由各级别景区风险值相加得到:17+82+3=102。同理,中国各省、自治区、直辖市(台湾省、香港、澳门特别行政区除外)3A级以上景区暴露在地震危险中的风险值详见表6-3。根据表6-3计算得到中国3A级以上景区的地震风险值,详见表6-4。

表6-3 中国各省、自治区、直辖市(台湾省、香港、澳门特别行政区除外)3A级以上景区暴露在地震不同等级中的风险值

省份	各景区价值的风险值	总风险值
河北省	1-17,2-82,3-3	102
山西省	1-0,2-78,3-18	96
辽宁省	1-12,2-62,3-9	83
黑龙江省	1-3,2-0,3-0	3
吉林省	1-1,2-12,3-0	13
江苏省	1-34,2-112,3-21	167
福建省	1-1,2-42,3-6	49
广东省	1-7,2-16,3-0	23
浙江省	1-6,2-34,3-6	46
安徽省	1-2,2-6,3-0	8
江西省	0	0
山东省	1-67,2-54,3-6	127
河南省	1-18,2-68,3-0	86
湖北省	1-2,2-0,3-0	2
湖南省	1-5,2-6,3-0	11
海南省	1-0,2-18,3-15	33
四川省	1-14,2-46,3-0	60

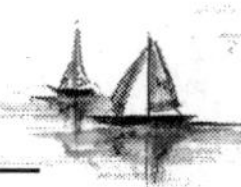

续表 6-3

省份	各景区价值的风险值	总风险值
云南省	1-8,2-22,3-0	30
陕西省	1-4,2-4,3-0	8
甘肃省	1-21,2-136,3-18	175
青海省	1-2,2-20,3-0	22
贵州省	0	0
上海市	1-1,2-38,3-9	48
北京市	1-48,2-158,3-33	239
天津市	1-27,2-60,3-18	105
重庆市	0	0
内蒙古自治区	1-9,2-12,3-0	21
西藏自治区	1-2,2-26,3-0	28
宁夏回族自治区	1-8,2-16,3-12	36
新疆维吾尔自治区	1-23,2-2,3-6	31
广西壮族自治区	1-0,2-10,3-0	10

表 6-4 中国 3A 级以上景区地震风险

景区级别	地震危险等级					各级别景区的总风险值
	1	2	3	4	5	
3A	111	38	90	8	0	489
4A	179	57	159	8	0	1604
5A	16	4	16	1	0	228
各地震危险下的总风险值	517	328	1368	108	0	2321

基于上面的分析,得出以下风险评估结果:

(1)从 A 级景区的角度来看,全国 4A 级景区地震风险最高,3A 级景区地震风险中等,5A 级景区地震风险最低。

(2)从地震危险等级的角度来看,地震危险等级 3(中等)的景区风险最

高，地震危险等级1（极低）的景区风险较高，地震危险等级2（较低）的景区风险中等，地震危险等级4（较高）的景区风险较低，地震危险等级5（极高）的景区风险最低。

（3）将各省份的总风险值分为五个等级，分别为最低（0～50）、较低（51～100）、中等（101～150）、较高（151～200）、最高（201～250），分别赋值1、2、3、4、5。

根据上表中的数据，从各省域的角度来看：黑龙江省、吉林省、青海省、内蒙古自治区、宁夏回族自治区、新疆维吾尔自治区、西藏自治区、广西壮族自治区、贵州省、重庆市、福建省、上海市、广东省、浙江省、安徽省、江西省、湖北省、湖南省、海南省、云南省、陕西省的3A级以上景区的地震风险等级为最低；

山西省、辽宁省、河南省、四川省的3A级以上景区的地震风险等级为较低；

河北省、天津市、山东省的3A级以上景区的地震风险等级为中等；

江苏省、甘肃省的3A级景区的地震风险等级为较高；

北京市的3A级以上景区的地震风险等级为最高。

6.1.4 中国3A级以上景区风险应对

根据上面关于地震的危险性以及景区的暴露综合得到的景区地震灾害风险评估，中国3A级以上景区应加强防震减灾的建设，针对各地震风险等级采取不同的应对措施，以期保证公共安全，实现旅游健康、可持续发展。本文主要从三个角度分析制定相应的措施。

（1）从A级景区的角度看：4A级景区地震风险等级最高，5A级景区地震风险最低。景区主管部门需要与其他部门积极全力合作，对处于地震风险最高的4A级景区，深入开展地震灾害风险调查，确立灾害的重点防治点；此外，还要在景区内部运用互联网和高科技配备各种先进的技术设备，对地震实时监测，以便能够及时、准确的预报、预警。在地震来临前，及时疏散当地居民及游客，保证人身及财产安全。

（2）从地震危险等级的角度看：暴露在地震危险中等的景区风险最高，暴露在地震危险极高的景区风险最低。说明我国大多景区分布在地震强度弱的区域,少数景区受高强度地震的影响也不是很大。处于高风险区的景区应提高地震预防、灾时救援以及灾后恢复的意识,同时按照旅游安全标准严格提高抗灾能力、达到行业领先水平;景区应完善地震灾害的监测系统网,同时在全国广泛设置业余观察点,将对地震监测到的数据及时、高效的转为实际行动。

(3)从各个地区角度看:我国大部分地区的地震风险等级为最低和较低,江苏省、甘肃省和北京市地震风险较高,应严格按照国家抗震救灾管理提前预防、及时救援和灾后修复。不同地区的景区在应对地震风险时,根据地震风险等级以及地区人口密度等因素,深化防灾制度的细节,学习国外的经验,制定适合自己的应急管理预案;做好地震灾害数据的统计和申报工作的同时加强景区的各种细节管理;除了景区管理者,景区内部以及周边的社区居民的观念和行为也有可能成为地震灾害风险的重要影响因素。所以,应加强社区居民的管理,一是向当地居民传播知识,增强他们的风险意识,树立较强的安全理念;二是提高居民的生活水平,完善其生活服务设施设备。

6.2 上海沿海景区风险评估

6.2.1 上海沿海景区孕灾环境概况

6.2.1.1 自然地理环境

上海市是典型的生态环境脆弱区和风暴潮灾害、洪水灾害的多发区。上海市位在中国东部,坐落于长江三角洲东部边沿,处于中国北部至南部海岸线的中心,东濒东海,南临杭州湾,西毗苏、浙。上海地势平坦低洼,平均海拔高度仅 4 米左右,且地质条件较差,地面沉降速率及相对海平面上升速率较快。上海市区域内河、湖众多,河网水系密度大,水域面积近 700 平方公里,占全市面积的 11%,更加助长了风暴潮的行洪作用。上海市属亚热带季风性气候,温和湿润,雨量充沛,据统计,2015 年全市降水量为 1649.1 毫米,多集中在 5 ~9 月份,在此期间会经常受到台风的侵袭,从而引发风暴潮。

6.2.1.2 社会经济及景区旅游业

(1)社会经济。截至2018年末,上海市共辖16个市辖区,常住人口总数为2423.78万人。据《2016年上海市国民经济和社会发展统计公报》,近年来,上海一直保持快速发展的良好态势,2016年,全市生产总值27 466.15亿元,比上年增长6.8%。其中,第一产业增加值109.47亿元,下降6.6%;第二产业增加值7994.34亿元,增长1.2%;第三产业增加值19 362.34亿元,增长9.5%。人均生产总值突破10万元,达到103 795元,比上年增长6425元。财政收入增加的趋势非常明显,全年地方一般公共预算收入6406.13亿元,比上年增长16.1%。人民生活水平不断提高。全市农村常住居民人均可支配收入25 520元,增长10.0%,城镇常住居民人均可支配收入57 692元,增长8.9%[188]。

(2)景区旅游业。上海市发展景区旅游业的条件可谓得天独厚,素有"东方巴黎"的盛誉。据《2016年上海旅游业统计公报》,截至2016年末,上海市共有A级景区(点)97个,其中5A级景区(点)3个,4A级景区(点)50个。随着我国综合国力和国际地位的提升,"一带一路"、"长江经济带"等战略构想及其实施,上海旅游业发展迎来巨大机遇,旅游业成为上海的战略性支柱产业。据《2016年上海旅游业统计公报》和《上海市旅游业改革发展"十三五"规划》,2016年,全市共接待国际旅游入境者854.37万人次,比上年增长6.8%,完成境外旅游外汇收入65.30亿美元,增长9.6%;同年接待国内旅游者29 620.60万人次,增长7.4%,国内旅游收入3443.93亿元,增长14.6%。

6.2.1.3 上海沿海地区洪水灾害致灾因子分析

本案例主要研究潮灾,只对海平面上升和风暴潮两大致灾因子进行分析。

(1)海平面上升。海平面上升可分为绝对海平面上升和相对海平面上升,前者是由全球气候变暖导致的,后者是由前者与陆地垂直运动共同造成的。相对海平面上升可加剧风暴潮的行洪作用,将会给沿海景区造成巨大的损失。由于长期以来上海沿海地区的地下水被大量开采利用,导致上海市大面积的地面沉降。据《2016年中国海洋灾害公报》,2016年,上海沿海海平面比正常年份高出了102毫米,比2015年高出了45毫米。专家预测,未来30年上海沿海海平面将上升65～150毫米。2016年，上海沿海各月的海平面均比常年同期的海平面要高。

（2）风暴潮。风暴潮（storm surge），是指由热带气旋、温带气旋等风暴在过境的时候伴随的强风和气压突然发生变化，造成的海面异常上升现象，又称“风暴增水”“风暴海啸”“风潮”等，根据产生的原因不同分为台风风暴潮和温带风暴潮。上海几乎每年都会遭遇风暴潮，数据显示，绝大多数的洪水灾害都是由台风风暴潮引起的。特别是出现“汛期台风、暴雨、风暴潮”同时发生时，沿海区域潮水将会暴涨，洪水灾情将会倍增，造成巨大的经济损失，严重制约上海沿海景区的可持续发展。综上所述，海平面上升叠加风暴潮引起的洪水会对上海沿海景区构成严重威胁，如图6-1，风暴潮是上海市沿海景区未来洪水灾害风险管理要面临的重大挑战之一。

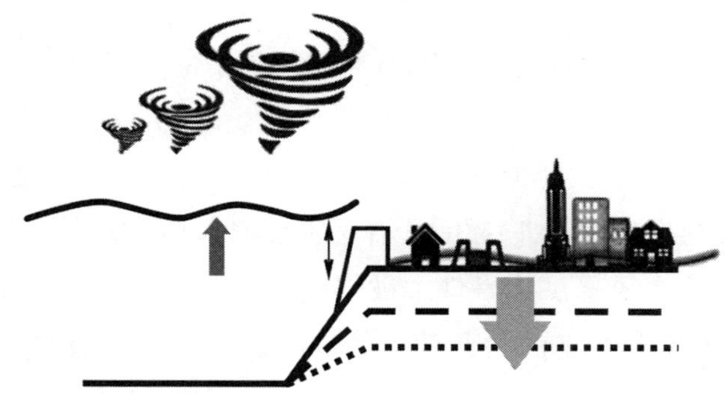

图6-1　由海平面上升和风暴潮引起的沿海景区洪水灾害示意图例

6.2.2　上海沿海景区洪水灾害风险分析

6.2.2.1　危险性分析

就本案例而言，危险性分析主要是获得承灾体在风暴潮行洪作用下的淹没深度。

1. 海平面上升的情景构建

随着海平面上升速率的增加及洪水灾害对沿海旅游业影响的加剧，国内外诸多学者都较为关注海平面上升问题。车弛（Church，1982）预测，2100年全球海平面可能上升0.98米[189]。麦金尼斯（McInnes，2015）预测，到

2050 年,达尔文的平均海平面将比 1986—2005 年的水平上升 0.25 米,在高排放的情况下,到 2100 年将上升至 0.62 米[190]。2014 年,IPCC 指出,到二十一世纪末,全球海平面的平均上升幅度相对于 1986—2005 来说可能超过 0.63 米,在研究海平面上升时,应考虑到海平面上升 0.5 米和 1 米这两种极端状况[191]。在海平面上升的情况下,到 2100 年,可能每天都会发生 100 年一遇的洪水事件(Hunter,2012)[192]。2016 年的中国海平面公报指出,1980—2016 年中国沿海海平面上升速率为 3.2 毫米/年,高于同期全球平均水平。殷杰预测上海在 2050 年海平面上升将达到 0.39 米[193]。郑大伟预测上海地区在 2050 年海平面将上升到 0.47 ~ 0.53 米[194]。本案例基于前人研究,假定 2050 年海平面上升值为 0.5 米和 2100 年海平面上升值为 1 米两种情景进行研究。

2. 风暴潮情景构建

本案例的风暴潮情景是选取 0205 号台风风暴潮并使用 MIKE21 二维水动力模型进行情景模拟。

2002 年代号“威马逊(Rammasun)”的 0205 号台风风暴潮是影响上海地区较严重的一次风暴潮灾害,原因是恰逢风暴增水与天文大潮同时存在,此次洪水灾害在极端风暴洪水事件中极具代表性。0205 号台风于 2002 年 6 月 29 日生成于菲律宾以东洋面,朝东北方向移动,7 月 1 日强度加强,逐渐形成强热带风暴,7 月 2 日发展成为台风。该台风中心最大风速为 45 米/秒,中心气压 950 百帕,其中心经过的洋面,都产生超过 8 米的狂浪。该台风 7 月 5 日到达上海以东海面,其长度大约为 250 千米,上海市区及郊县出现暴雨和大风,沿海地区出现了不同寻常的增水情况,高桥站和黄浦公园站最大增水分别为 1.71 米和 1.66 米。据统计,上海全市 3.7×10^3 公顷农作物受灾,6 人死亡,45 人受伤,多家沿海景区、商店等停业。全市直接经济损失 0.5 亿元。

海平面上升叠加风暴潮所致的洪水灾害情景模拟主要使用 MIKE21 二维水动力模型,将上海沿海地区的海平面上升、地面沉降以及风暴潮三种灾害风险情景进行叠加,构建风暴潮综合危险性情景,预测 2050 年与 2100 年上海市洪水灾害危险性,如表 6-5。由于研究着重构建的是海平面上升与风暴潮两种自然灾害情景,因此不详细介绍地面沉降情景。该综合风险性情景构建基于以下假设:①风暴潮情景的依据是0205号台风风暴潮;②上海市的海塘、江堤高度等都不发生改变;③台风中骤雨产生的影响不加考虑。

表6-5 上海台风风暴潮综合危险性情景构建

年份	海平面上升情景	风暴潮情景	综合危险性情景的研究重点
2050	预测和建立2050年海平面上升危险性情景	以0205号台风风暴潮为危险性情景	以上述两种综合危险性情景为基础,模拟和分析上海沿海地区风暴潮漫堤风险以及行洪作用对沿海景区的影响
2100	预测和建立2100年海平面上升危险性情景		

运用MIKE21二维水动力模型模拟上海沿海地区2050年、2100年洪水灾害的综合危险性情景,如图6-2,获得时间情景下上海市受灾区域及受灾区域淹没深度和淹没面积。2050年上海市淹没区域深度最深为13.43米,受淹没较严重的区域主要是金山区、嘉定区、宝山区、浦东新区、杨浦区、黄浦区等;2100年,上海市淹没区域深度最深为14.03米,受淹没较严重的区域主要是松江区、奉贤区、金山区、嘉定区、宝山区、浦东新区、杨浦区、黄浦区、长宁区和闸北区等。由图6-2可知,在海平面上升1米情况下,受灾的范围和深度同海平面上升0.5米相比都有比较明显的增加,一旦洪水灾害发生,将对上海经济、社会的发展,特别是上海沿海地区经济、社会的发展产生较大的负效应。

由于本书的研究重点在景区自然灾害风险,在模拟上海市洪水灾害情景危险性分布图后,叠加上海市景区分布图进行分析。限于评估资料的可获取性及景区在上海旅游业发展中的重要性,本案例只对上海市现存的由国家旅游景区质量等级评定委员会及其授权的省旅游部门评定的A级景区进行评估。根据2016年的《上海旅游年鉴》及上海旅游局提供的上海国家A级旅游景区的具体地址,通过使用百度公司推出的“百度地图之拾取坐标系统”这一应用进行查询,获取上海国家A级景区的经、纬度。由于百度提供的地理坐标系与国际经纬度坐标系(WGS1984地理坐标系)有一定的偏差,通过ArcGIS10.2软件进行地理坐标转换,并对上海国家A级景区的经纬度数据进行地理编码,获得景区的点状矢量数据。

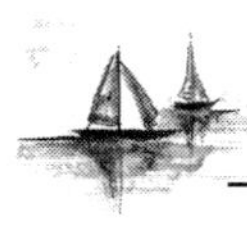

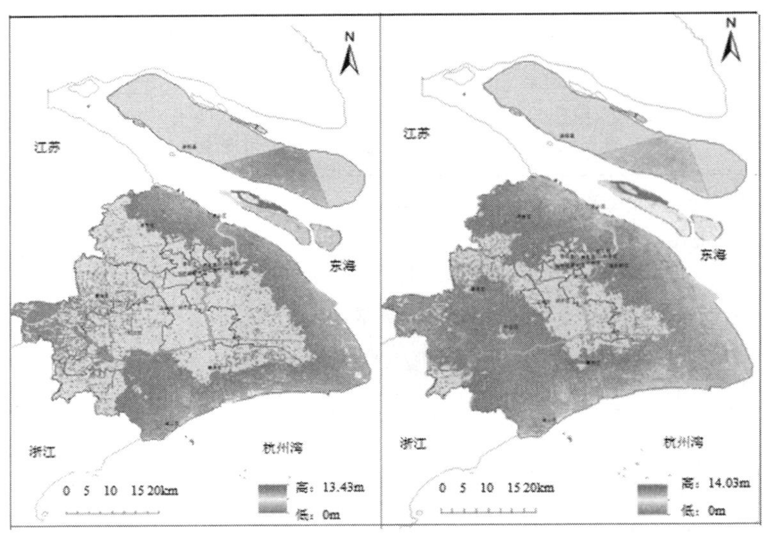

图 6-2　2050 年(左)和 2100 年(右)洪水灾害危险性区划图

利用 ArcGIS10.2 软件将模拟的 2050 年、2100 年上海洪水灾害情景(综合危险性情景)栅格数据与地理编码后的上海国家 A 级景区的点状矢量数据叠加,得到受灾的景区图。由图 6-3 可知,在 2050 年洪水灾害情景中受灾的沿海景区包括上海青少年校外活动营地、上海大观园、陈云故居(青浦历史革命纪念馆)、上海韩湘水博源、东方绿舟、上海联怡琵琶乐园、上海欢乐谷、上海雪浪湖生态园、中国农民画村、上海野生动物园、上海东方明珠广播电视塔、金贸大厦 88 层观光厅、金山城市沙滩景区、碧海金沙景区、上海海洋水族馆、上海鲜花港、上海都市菜园景区、上海马陆葡萄艺术村、上海海湾国家森林公园、中国航海博物馆、上海顾村公园景区、上海炮台湾景区、上海金罗店美兰湖景区、上海闻道园、上海国际时尚中心、上海南汇桃花村、东方假日田园、书院人家、上海滨海森林公园、黄兴公园、上海玉穗绿苑、华享人家·毛桥村、上海地质科普馆、上海难民犹太纪念馆、上海庄行乡村旅游景区、上海葵园景区、上海金山鱼嘴村景区、上海宏泰园、上海游龙石文化科普馆 39 个上海国家 A 级景区。于 2100 年洪水灾害情景中受灾的景区包括上海联怡琵琶乐园、上海菲尼克斯生态园、上海欢乐谷、上海大观园、上海韩湘水博源、陈云故居暨青浦历史革命纪念馆、上海都市菜园景区、上海海湾国家森林公园、中国航海博物馆、上海辰山植物园、中国农民画村、朱家角古镇、上海佘山国家森林公园、上海醉白池公园、上海影视乐园、上海青少年校外活动营地、上海金龟岛渔村景区、金山城市沙滩景区、上海金山鱼嘴村景区、上海庄行乡村旅游景区、上海玉穗绿苑、碧海金沙景区、上海都市菜园景区、上海海湾国家森林公园、中国航海博物馆、书院人家、上海鲜花港、上海多利农庄生态园、上海滨海森林公园、上海葵园景区、上海南汇大团桃园、上海野生动物园、上海南汇桃花村、上海周浦花海景区、上海游龙石文化科普馆、上海地质科普馆、上海中医药博物馆、上海世纪公园、华享人家·毛桥村、上海环球金融中心观光厅、金融大厦 88 层观光厅、上海东方明珠广播电视塔、上海海洋水族馆、上海难民犹太纪念馆、上海和平公园、上海鲁迅公园、上海国际时尚中心、黄兴公园、上海共青森林公园、上海玻璃博物馆、上海顾村公园景区、上海古漪园、上海炮台湾景区、上海大宁灵石公园、上海国际赛车场旅游景区、上海嘉定州桥、上海宏泰园、上海马陆葡萄艺术村、东方假日田园、上海金罗店美兰湖景区、上海闻道园这 61 个国家 A 级景区。部分景区在两种情景下都受到了洪水灾害的侵袭,但淹没深度存在明显差别。图层叠加后,将洪水灾害栅格数据的水深信息提取至景区的点状矢量数据,其过程为:ArcGIS10.2 软件中的空间分析工具→提取分析工具→值提取至点工具,最终获得受影响景区的淹没深度,利用 ArcGIS 自然间断点法中的“采样”功能忽略非沿海景区的淹没深度值,然后利用其做五等级划分,其结果如图 6-4。将分析结果按照极高(2.62~4.49 米)、高(1.53~2.62 米)、中(0.89~1.53 米)、低(0.47~0.89 米)、极低(0~0.47 米)五等级区分,并分别赋值为 5、4、3、2、1。自然间断点法以数据本身特征为基础,以各级别中变异总和达到最小的原则来选择分级断点,数据的分级效果良好。

由分析结果可知,2050 年在海平面上升和风暴潮所引起的洪水灾害情景下,受灾的沿海景区有 30 个,包括的景区有金山城市沙滩景区、上海金山鱼嘴村景区、碧海金沙景区等,详见表 6-6;2100 年由海平面上升和风暴潮所引起的洪水灾害情景下,受灾的沿海景区共有 44 个,包括的景区有金山城市沙滩景区、上海金山鱼嘴村景区、碧海金沙景区等,详见表 6-7。最后,在 ArcGIS 中对景区危险性评估的结果进行可视化表达,如图 6-5。

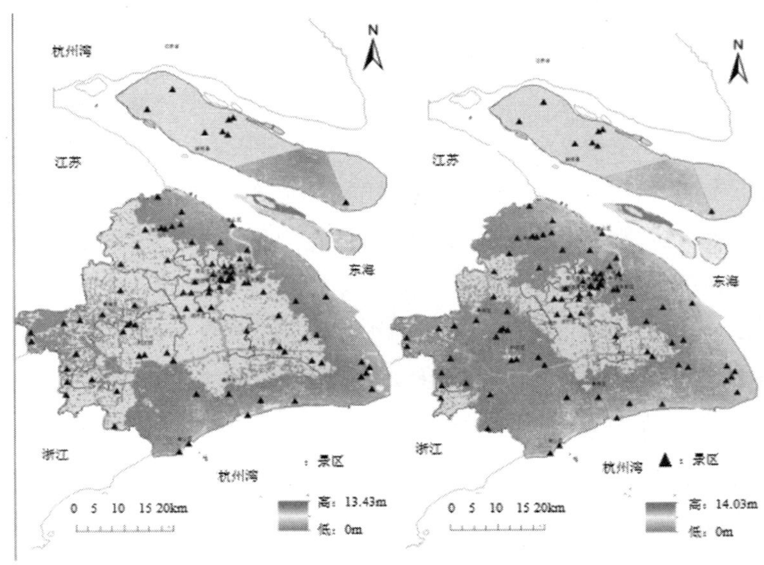

图 6–3　暴露于洪水灾害的上海景区分布图

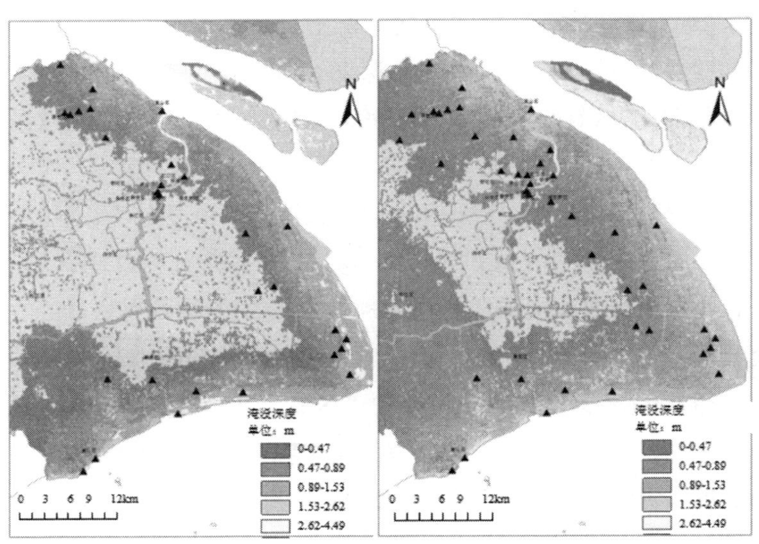

图 6–4　沿海景区淹没深度分级图

表 6-6 2050 年洪水灾害情景下沿海景区危险性等级划分

景区名称	淹没深度（米）	等级分	景区名称	淹没深度（米）	等级分
金山城市沙滩景区	3.68	5	上海游龙石文化科普馆	0.14	1
上海金山鱼嘴村景区	3.86	5	上海地质科普馆	1.51	3
上海庄行乡村旅游景区	0.38	1	金融大厦 88 层观光厅	0.12	1
上海玉穗绿苑	0.30	1	上海东方明珠广播电视塔	0.34	1
碧海金沙景区	2.80	5	上海海洋水族馆	0.11	1
上海都市菜园景区	0.90	3	上海难民犹太纪念馆	1.09	3
海湾国家森林公园	1.50	3	上海国际时尚中心	0.59	2
中国航海博物馆	1.69	4	黄兴公园	0.12	1
书院人家	0.98	3	上海顾村公园景区	0.12	1
上海鲜花港	1.77	4	上海炮台湾景区	3.09	5
上海滨海森林公园	1.68	4	上海宏泰园	0.41	1
上海葵园景区	1.26	3	上海马陆葡萄艺术村	0.38	1
上海野生动物园	0.31	1	东方假日田园	0.30	1
上海南汇桃花村	0.15	1	上海金罗店美兰湖景区	2.92	5
上海闻道园	0.73	2	华亨人家 · 毛桥村	0.94	3

表 6-7 2100 年洪水灾害情景下景区危险性等级划分

景区名称	淹没深度（米）	等级分	景区名称	淹没深度（米）	等级分
上海周浦花海景区	1.07	3	上海嘉定州桥	0.42	1
上海游龙石文化科普馆	0.71	2	上海宏泰园	0.98	3
上海地质科普馆	2.22	4	上海马陆葡萄艺术村	1.32	3
上海中医药博物馆	0.30	1	东方假日田园	0.81	2
上海世纪公园	0.28	1	上海金罗店美兰湖景区	3.60	5
华亨人家 · 毛桥村	1.49	3	上海闻道园	1.12	2

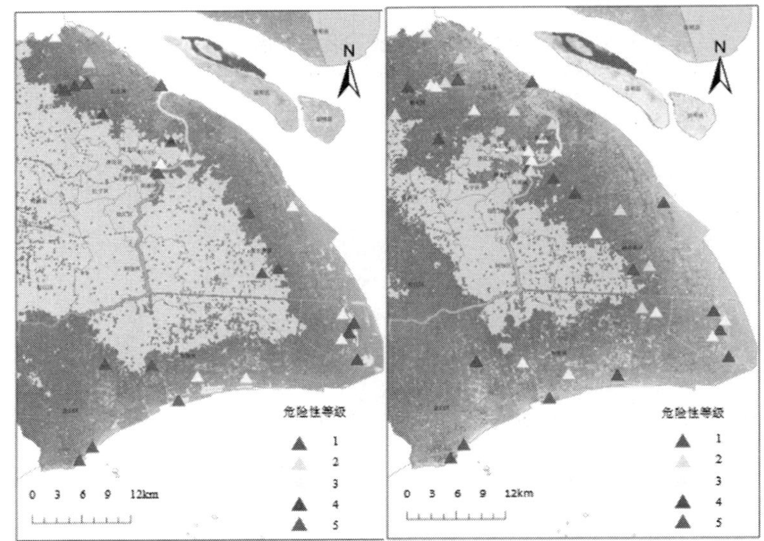

图 6-5　沿海景区洪水灾害危险性等级分布图

6.2.2.2　脆弱性分析

1. 物理暴露分析

在本案例中，分别以 2016 年上海国家 A 级景区游客量、景区占地面积、旅游资源价值来代表承灾体的物理暴露，评估结果利用 ArcGIS 自然间断点法做五等级划分，分别赋值 5、4、3、2、1。景区游客量数值由上海旅游局、上海市区、县旅游局提供；景区占地面积、景区的旅游资源价值分级，以《上海旅游资源图志：全 3 册》、《上海市旅游业改革发展“十三五”规划》和《上海市旅游业发展总体规划》中的旅游资源评价为基准，再结合上海市区、县的《旅游业发展总体规划》中的实地调查以及补充评估而得。即便完成以上工作，仍有部分景区的资源价值无法获取，此时根据原国家旅游局发布的《旅游资源评价赋分标准》进行粗略估计。由以上分析可知，在两种洪水灾害情景中皆受灾的沿海景区共有 44 个，详见表 6-8。

表 6-8 洪水灾害情景下受灾沿海景区的年游客量、占地面积及旅游资源

景区名称	A级	评定时间	年游客量		占地面积		资源
			（万人）	等级分	（万平方米）	等级分	等级
金山城市沙滩景区	4A	2008	8.8	2	150	3	4
上海金山鱼嘴村景区	3A	2013	5.4	1	73.3	2	4
上海庄行乡村旅游景区	3A	2010	91.2	4	700	4	3
上海玉穗绿苑	3A	2010	8.9	2	36.7	1	3
碧海金沙景区	4A	2008	44.9	3	79	2	4
上海都市菜园景区	4A	2010	164.4	5	26.7	1	3
上海海湾国家森林公园	4A	2011	45	3	1065.7	5	5
中国航海博物馆	4A	2011	15.4	2	2.5	1	4
书院人家	3A	2009	11.2	2	13.8	1	1
上海鲜花港	4A	2009	7.3	1	100	2	4
上海多利农庄生态园	3A	2013	7.4	1	116.7	3	3
上海滨海森林公园	3A	2013	56.7	4	358.7	4	3
葵园景区	3A	2013	7.6	1	23.3	1	3
上海南汇大团桃园	3A	2008	19.1	2	34.7	1	3
上海野生动物园	5A	2007	192.3	5	153	3	5
上海南汇桃花村	3A	2008	13.3	2	30.7	1	3
上海周浦花海景区	3A	2016	4.5	1	33.6	1	3
上海游龙石文化科普馆	3A	2016	4.7	1	1.6	1	3
上海地质科普馆	3A	2010	9.7	2	83	2	3
上海中医药博物馆	3A	2010	17.1	2	0.5	1	2
上海世纪公园	4A	2002	23.5	3	140.3	3	4
华享人家·毛桥村	3A	2010	18.1	2	84.8	2	3
上海环球金融中心观光厅	4A	2011	6.7	1	37.9	1	5
金融大厦 88 层观光厅	4A	2001	7	1	2.3	1	4
上海东方明珠广播电视塔	5A	2007	142.5	0	2.3	1	5
上海海洋水族馆	4A	2009	35.1	3	1.3	1	3
上海难民犹太纪念馆	3A	2010	4.5	1	0.13	1	5
上海和平公园	3A	2010	88.7	4	17.6	1	3
上海鲁迅公园	3A	2010	82.7	4	28.6	1	4
上海国际时尚中心	4A	2015	49.5	4	12.1	1	5

完成以上工作后,需要对游客数量、旅游资源价值、景区占地面积这三项要素在景区经营中的重要性划分权重,采用专家打分法,邀请上海市旅游局和上海师范大学旅游学院旅游管理系的15位研究人员利用ExpertChoice软件对此三项要素的重要性进行了模糊评价,确定它们的权重分别为0.662、0.255、0.083。

最后,利用公式7-1得出景区的物理暴露。再利用ArcGIS10.2软件将两种情景下沿海景区淹没分布与物理暴露数据进行叠加,得到两种情景下物理暴露等级分布图,如图6-6。

$$V=0.662\times V_{tp}+0.083\times V_{ts}+0.255\times V_{tR}（公式7-1）$$

式中:V_{tp}代表游客赋值数,V_{ts}代表景区占地面积赋值数,V_{tR}代表旅游资源赋值数。

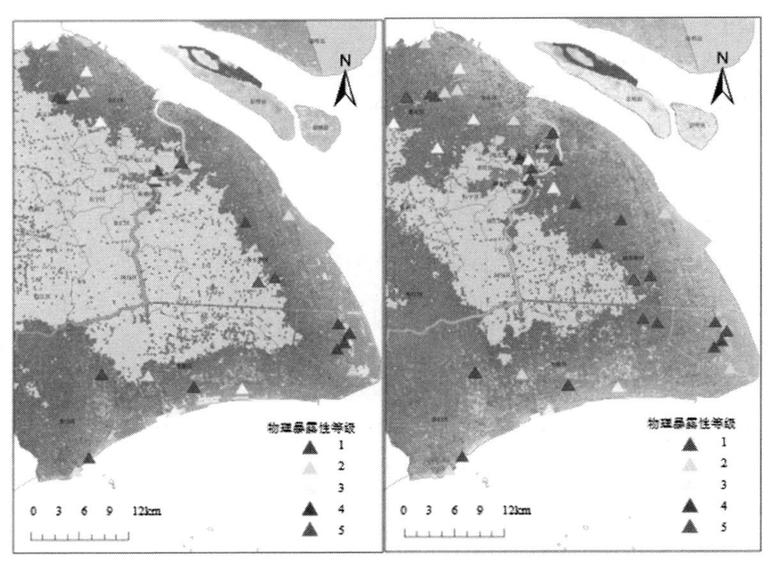

图6-6　沿海景区物理暴露等级分布图

2. 敏感性分析

不同质量、等级和不同类型的景区(点)对洪水的敏感度是不同的。一般来说,同种类型而等级不同时,景区的等级越低越容易受到洪水灾害的影响,敏感性越高,脆弱性也越高;森林公园、自然保护区等类型的景区抵御洪水的能力较强,且具有较强的恢复能力,属于低脆弱型景区;红色旅游景区

（点）大多为历史建筑，不但具有重要的历史文化遗产，而且由于自身抵御洪水和灾后恢复的能力较弱，属于高脆弱性景区；参考已有关于景区对洪水敏感性的研究，结合上海沿海景区的类型以及景区的质量、等级，将上海沿海景区的敏感性划分为五个等级：极高、高、中、低、极低，然后同时赋值5、4、3、2、1，如表6-9。并得到两种情景下（2050年、2010年）受灾景区敏感性等级划分，如表6-10，按照如上方法得到两种情景下景区敏感性等级分布图，如图6-7。

表6-9　上海A级景区敏感性等级划分

成分	排序				
	极低	低	中等	高	极高
对洪水敏感性	省级森林公园和省级自然保护区	国家级森林公园和国家级自然保护区	省级风景区，省级度假区和3A级旅游景区（点）	国家级风景区，主要红色旅游基地和4A级旅游景区（点）	国家级旅游度假区和5A级旅游景区（点）
等级分	1	2	3	4	5

表6-10　两种情景下（2050年、2010年）受灾景区敏感性等级划分

景区名称	等级分	景区名称	等级分
金山城市沙滩景区	4	上海环球金融中心观光厅	4
上海金山鱼嘴村景区	3	金融大厦88层观光厅	4
上海庄行乡村旅游景区	5	上海东方明珠广播电视塔	5
上海玉穗绿苑	3	上海海洋水族馆	4
碧海金沙景区	4	上海难民犹太纪念馆	4
上海都市菜园景区	4	上海和平公园	3
上海海湾国家森林公园	4	上海鲁迅公园	4
中国航海博物馆	4	上海国际时尚中心	4
书院人家	3	黄兴公园	3

续表 6-10

景区名称	等级分	景区名称	等级分
上海鲜花港	4	上海共青森林公园	4
上海多利农庄生态园	3	上海玻璃博物馆	4
上海滨海森林公园	3	上海顾村公园景区	4
上海葵园景区	3	上海古漪园	4
上海南汇大团桃园	3	上海炮台湾景区	4
上海野生动物园	5	上海大宁灵石公园	3
上海南汇桃花村	3	上海国际赛车场旅游景区	4
上海周浦花海景区	3	上海嘉定州桥	4
上海游龙石文化科普馆	4	上海宏泰园	3
上海地质科普馆	3	上海马陆葡萄艺术村	4
上海中医药博物馆	3	东方假日田园	5
上海世纪公园	4	上海金罗店美兰湖景区	4
华亨人家・毛桥村	3	上海闻道园	4

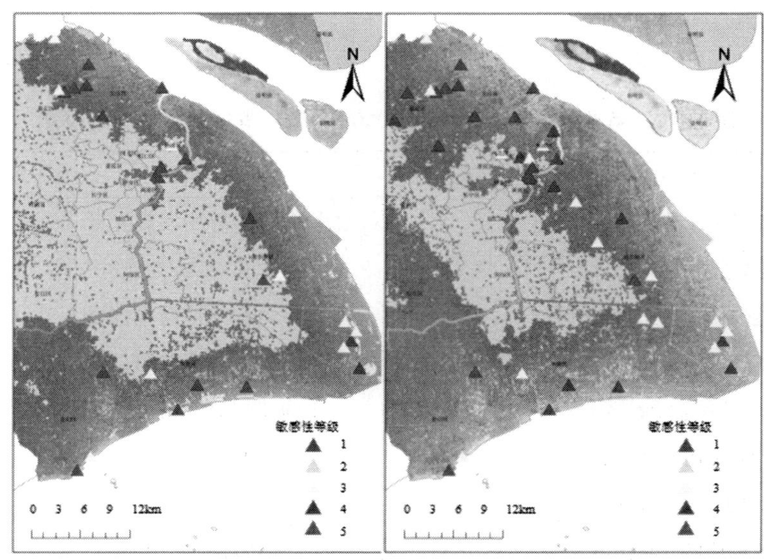

图 6-7　上海 A 级景区敏感性等级分布图

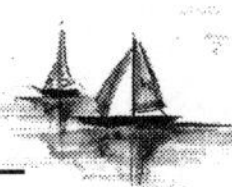

3. 应灾能力分析

景区的应灾能力可分为两类，一类是景区自身应灾能力分析，即灾前、灾中和灾后景区的景区应灾能力分析，选用应急预案完善度、监测预警能力、应急队伍建设、应急响应能力、游客疏散能力和灾后善后处理能力作为分析指标，如表6-11；另一类为景区所在区域的抗灾支持力分析，选用景区所在区域的财政收入和应急避难场所综合指数为分析指标，如表6-12。

在景区自身应灾能力分析中，根据上述的六项指标情况将其划分为：缺口很大、能应对较小级别的突发事件、能应对一般级别的突发事件、能应对较大级别的突发事件、能完美的应对较大级别的突发事件五个等级，对受灾景区的各项承受力和控制力进行打分，得分体系分为5分制：1分—极低、2分—低、3分—中、4分—高、5分—极高，取平均值求得综合得分，进而将之分为不同等级描述景区自身应灾能力，如表6-13。在景区所在区域的抗灾支持力分析中，区域的财政收入来自于2016年《上海市统计年鉴》，详见表6-14；应急避难场所的相关信息来自上海市各区县的民防办。对财政收入、避难场所指标进行五等级划分。然后利用风险等级矩阵逐级合成景区综合应灾能力等级，如表6-15、6-16和6-17。最终得到两种情景下景区应灾能力等级分布图，如图6-8。

表6-11 景区自身应灾能力指标解释

指标	解释
应急预案完善度	景区针对洪水灾害事件的专项应急预案的完善程度，应急相关体制机制完善完善度和应急演练程度
监测预警能力	景区针对洪水灾害事件的日常监测，预警方面的工作情况以及政策措施的合理情况
应急队伍建设	景区相关处置部门针对洪水灾害突发事件的专业队伍应急建设预警队伍建设情况
应急响应能力	景区相关处置部门对洪水灾害事件的警情接受和警情处理的及时度以及各部门联动配合等情况
游客疏散能力	景区针对洪水灾害事件发生过程中，涉及到大量游客时，相关处置部门疏散游客的能力
灾后善后处理能力	景区针对洪水灾害事件发生后，为了维护其旅游形象，相关部门针对该事件新闻通告等发布的及时度和真实度，以及社会舆论的处置情况

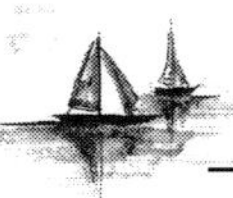

表 6-12　景区所在区域抗灾能力指标解释

指标	解释
区域财政收入	景区所在区域的财政收入情况
应急场所综合指数	一是景区所在附近的应急场所的数目；二是应急场所的类型：Ⅰ类应急场所服务半径 5 千米，综合服务水平较强；Ⅱ类应急场所服务半径 1 千米，综合服务水平中等；Ⅲ类应急场所服务半径 500 米，相对而言，综合服务水平低

表 6-13　景区自身应灾能力分级评价标准

	应灾能力				
综合评估打分	[1～2)	[2～3)	[3～4)	[4～5)	[5～)
级别	极低	低	中	高	极高
描述	景区应灾能力很弱，甚至应急能力严重不足或是资源欠缺	景区应灾能力相对减弱，应急能力不足或是资源减少	景区应灾能力相对较强，应急能力相对不足或者是资源相对较少	景区应灾能力较强，基本上能应对洪水灾害风险事件	景区有完全足够的应灾能力及时处理

表 6-14　上海各区、县财政收入

地区	财政收入（亿元）	等级分	地区	财政收入（亿元）	等级分
浦东新区	788.19	5	闵行区	214.40	5
黄浦区	180.88	4	宝山区	127.08	4
徐汇区	151.08	4	嘉定区	191.36	5
长宁区	129.94	4	金山区	65.50	1
静安区	106.24	2	松江区	123.11	3
普陀区	96.36	2	青浦区	125.33	3
闸北区	88.13	1	奉贤区	84.89	1
虹口区	90.14	2	崇明县	54.98	1
杨浦区	95.77	2			

表 6-15 景区所在区域的抗灾支持力等级复合

区域财政收入	应急场所综合指数				
	极低	低	中	高	极高
极低	极低	低	低	低	中
低	低	低	中	中	高
中	低	中	中	高	高
高	低	中	高	高	极高
极高	中	高	高	极高	极高

表 6-16 景区综合应灾能力等级复合

景区自身应灾能力	景区所在区域抗灾支持力				
	极低	低	中	高	极高
极低	极低	低	低	低	中
低	低	低	中	中	高
中	低	中	中	高	高
高	低	中	高	高	极高
极高	中	高	高	极高	极高

表 6-17 景区应灾能力等级划分

景区名称	等级分	景区名称	等级分
金山城市沙滩景区	1	上海环球金融中心观光厅	5
上海金山鱼嘴村景区	2	金融大厦 88 层观光厅	5
上海庄行乡村旅游景区	1	上海东方明珠广播电视塔	5
上海玉穗绿苑	2	上海海洋水族馆	4
碧海金沙景区	2	上海难民犹太纪念馆	2
上海都市菜园景区	3	上海和平公园	2
上海海湾国家森林公园	3	上海鲁迅公园	2
中国航海博物馆	4	上海国际时尚中心	3

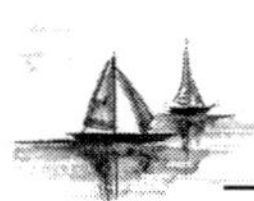

续表 6-17

景区名称	等级分	景区名称	等级分
书院人家	3	黄兴公园	2
上海鲜花港	4	上海共青森林公园	3
上海多利农庄生态园	3	上海玻璃博物馆	4
上海滨海森林公园	3	上海顾村公园景区	4
上海葵园景区	3	上海古漪园	4
上海南汇大团桃园	3	上海炮台湾景区	3
上海野生动物园	5	上海大宁灵石公园	2
上海南汇桃花村	3	上海国际赛车场旅游景区	4
上海周浦花海景区	3	上海嘉定州桥	4
上海游龙石文化科普馆	3	上海宏泰园	3
上海地质科普馆	3	上海马陆葡萄艺术村	4
上海中医药博物馆	3	东方假日田园	3
上海世纪公园	4	上海金罗店美兰湖景区	3
华享人家・毛桥村	2	上海闻道园	2

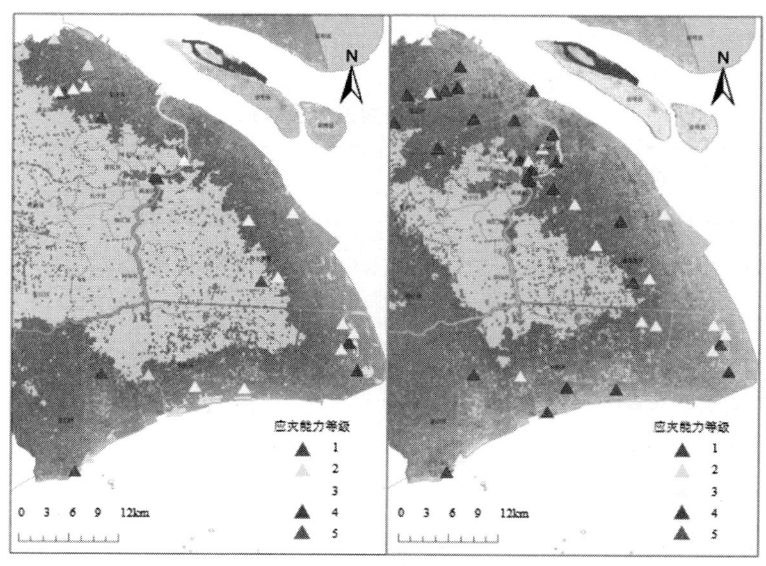

图 6-8　景区应灾能力等级分布图

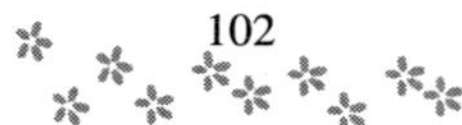

4. 景区综合脆弱性分析

在景区综合脆弱性分析中，物理暴露指标和敏感性指标均属正向指标，即物理暴露指标值和敏感性指标值越大，景区的脆弱度越强；应灾能力指标是负向指标，即应灾能力指标值越大，景区的脆弱度越低。因此，在对景区的综合脆弱性进行分析时，首先对物理暴露指标、敏感性指标这两个正向指标通过等级矩阵进行合成，如表6-18，然后将合成的结果与应灾能力指标进行合成，结果如表6-19。从而得出景区的综合脆弱性等级情况见表6-20。最后对两种情景下景区的脆弱性等级进行空间展布，如图6-9。

表6-18 敏感性与物理暴露等级复合

物理暴露	敏感性				
	极低	低	中	高	极高
极低	极低	低	低	低	中
低	低	低	中	中	高
中	低	中	中	高	高
高	低	中	高	高	极高
极高	中	高	高	极高	极高

表6-19 景区综合脆弱性等级复合

应灾能力	物理暴露与敏感性				
	极低	低	中	高	极高
极高	极低	低	低	低	中
高	低	低	中	中	高
中	低	中	中	高	高
低	低	中	高	高	极高
极低	中	高	高	极高	极高

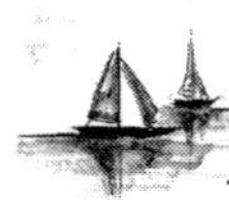

表 6-20　沿海景区综合脆弱性等级

景区名称	等级分	景区名称	等级分
金山城市沙滩景区	4	上海环球金融中心观光厅	2
上海金山鱼嘴村景区	3	金融大厦 88 层观光厅	2
上海庄行乡村旅游景区	5	上海东方明珠广播电视塔	3
上海玉穗绿苑	4	上海海洋水族馆	3
碧海金沙景区	4	上海难民犹太纪念馆	3
上海都市菜园景区	4	上海和平公园	4
上海海湾国家森林公园	4	上海鲁迅公园	4
中国航海博物馆	3	上海国际时尚中心	4
书院人家	3	黄兴公园	4
上海鲜花港	2	上海共青森林公园	4
上海多利农庄生态园	3	上海玻璃博物馆	3
上海滨海森林公园	4	上海顾村公园景区	3
上海葵园景区	3	上海古漪园	3
上海南汇大团桃园	3	上海炮台湾景区	4
上海野生动物园	3	上海大宁灵石公园	4
上海南汇桃花村	3	上海国际赛车场旅游景区	3
上海周浦花海景区	3	上海嘉定州桥	4
上海游龙石文化科普馆	3	上海宏泰园	3
上海地质科普馆	3	上海马陆葡萄艺术村	2
上海中医药博物馆	3	东方假日田园	4
上海世纪公园	3	上海金罗店美兰湖景区	3
华亨人家・毛桥村	4	上海闻道园	4

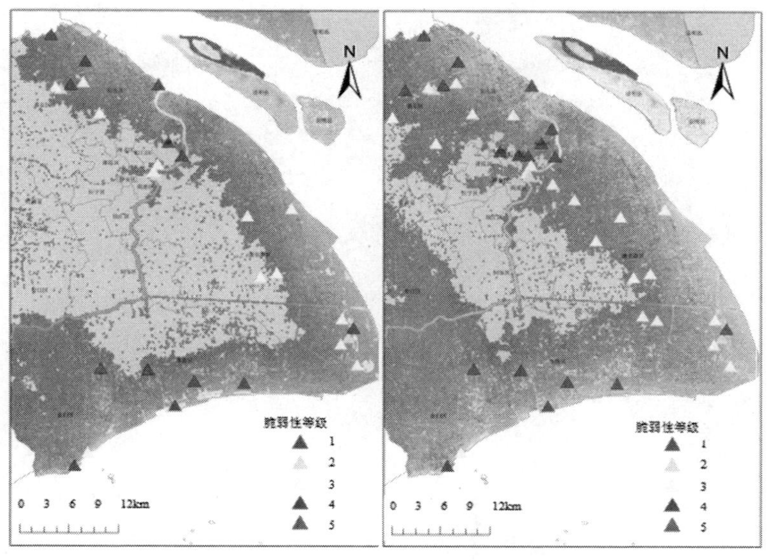

图 6-9 景区综合脆弱性等级分布图

6.2.2.3 上海沿海景区洪水灾害风险评估

上海沿海景区洪水灾害风险评估的结果是制定降低灾害风险措施的依据,评估的主要内容是对洪水灾害风险的等级进行划分。根据前面得到的2050 年和 2100 年上海洪水灾害情景下的洪水灾害危险性和沿海景区承灾体的脆弱性结果,采用风险评估的基本模型:风险性=危险性×脆弱性,通过前文已述的风险矩阵表确定洪水灾害风险等级最后通过 ArcGIS10.2 将两种情景下的评估结果进行空间展布,显示洪水灾害风险在空间上的差异性,结果如图 6-10。

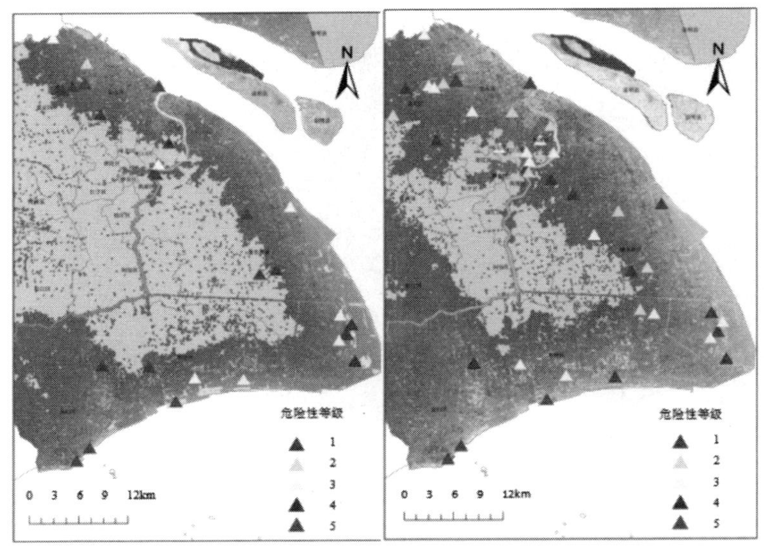

图 6-10　沿海景区洪水灾害风险等级

6.2.2.4　沿海景区洪水灾害风险应对对策

1. 采取应对措施遵循的原则

多部门相互合作。旅游产业的发展，一荣俱荣，一损俱损。景区因集中展示目的地旅游资源，起到吸引游客的作用，不但自身可以通过售卖门票创造价值，还可以带动目的地交通、住宿、旅游社、餐饮等其他产业部门的发展。但是，我们必须认识到，市场主体是独立经营、自负盈亏的组织，他们的主要目的是营利，如果没有良好的风险防控环境，一般发生洪水灾害，所有的利益相关者都会利益受损。因此，政府应该发挥带头作用，建立多部门的合作机制，促进各部门之间的相互合作，防范洪水风险。

多手段同时使用。景区洪水灾害风险涉及的对象包括游客、旅游资源和旅游基础设施等多个承灾体，致灾因子既包括自然因素，也包括人文因素。然而，整个洪水灾害风险的形成过程不是静态的，而是一个动态的过程。因此，要想降低景区洪水灾害风险，就必须同时采用包括非工程措施（包括洪水监测与预警、加强风险沟通、宣传措施等）与工程措施（提高海挡、海塘、海堤等）。

技术合理，经济可行。景区自然灾害风险从根本上来说，是不可能完全

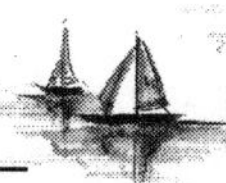

消除的。景区、旅游目的地过多或者过低对风险防控投入都是不科学的，我们要根据实际来制定具体的防治措施。必须要说明的是，任何的防治措施都与经济投入问题密切相关，为了避免出现采取的措施不能有效降低洪水灾害风险以及投入的经济成本过高而出现浪费的现象，降低景区洪水灾害风险的应对措施必须要在风险水平与经济成本之间进行权衡，选择科学、可行的方案。

2. 工程性措施

根据沿海景区洪水灾害风险评估的研究结果，在未来，上海沿海景区较为容易遭受洪水灾害的侵袭，为了降低景区遭受风险的可能性及降低灾害到来时的损失，首先需要考虑的就是通过采取工程性措施来防御和抵抗洪水灾害，包括提高对海堤、海挡等防护工程的防护标准以及加强现有的海挡工程建设。然而，在全球气候变化的背景下，每当发生重大的风暴潮事件后，往往需要大量的资金投入来重建或者更新改造海挡等防护工程。因此，考虑到成本及效益，该措施适用于景区、度假村分布较为密集且洪水风险较大的区域，如浦东新区、金山区和宝山区等。

3. 非工程性措施

(1)创新沿海景区洪水灾害风险管理制度，实行阶梯化分级管理。对上海野生动物园、上海东方明珠广播电视塔等较为出名的4A级及以上景区来说，在对防灾制度的细节进行探索、深化的同时，对灾害影响要进行长期性研究，并制定出较大灾害情景下的应急管理预案；对4A级以下的景区，着重进行历史灾害数据的统计以及申报。

(2)建立、完善沿海景区洪水灾害的调查、监测、预警体系。旅游主管部门应当与其他相关部门通力合作，对上海野生动物园、上海庄行乡村旅游景区等较为出名且风险程度较高的景区持续开展风暴洪水灾害调查，确立灾害的重点防治点。对于一些新建的旅游景区(点)，在建设之前，要做好风暴潮洪水灾害调查，确保旅游基础设施能够达到高标准的防灾建设要求，在景区评级过程中，要注重评判景区的防灾、减灾能力调查。此外，相关部门可以通过使用卫星、遥感等先进的技术对风暴潮进行监测，以便能够及时、准确的进行预报、预警。

(3)强化洪水灾害保险等风险转移措施的应用。2012年的风暴潮洪水

灾害给上海沿海景区的发展造成了巨大的直接经济损失，然而由于没有充分利用洪水灾害保险措施，致使所造成的经济损失主要是由景区自身来承担。考虑到未来洪水灾害的情景，为了更好地应对海平面上升和风暴潮对沿海景区旅游业的影响，上海沿海景区应当运用洪水灾害保险等多种风险转移措施。

(4)加强与社区居民、旅游社等利益相关者的洪水灾害风险沟通。景区洪水灾害风险其实质是一种是自然灾害导致的景区在旅游经营过程中所面临的一种经济性风险。除景区管理者、景区员工外，景区内及景区周边的社区居民有可能成为助长洪水灾害风险的重要因素。因此，景区加强同社区居民的联系就显得非常重要，景区可以与村民多沟通，提高他们的风险意识，帮助居民形成有助于环境保护的生产、生活规范。旅游社所组织的团体旅游在我国国内旅游市场上占据一定的比重，为了有效规避、减轻团队游客在景区旅游中所面临的洪水灾害风险，景区有必要与旅游社做好风险沟通工作，提高带团导游的风险意识、危机辨识的能力和危机应对技能等。

参考文献

[1]刘文海. 我国旅游业发展研究[J]. 理论参考,2012,(9):25-28.

[2]SHAW G K. A risk management model for the tourism industry in South African[D]. North-West University,2010.

[3]KERZNER H. Project management: a systems approach to planning, scheduling, and controlling[M]. John Wiley & Sons,2017.

[4]RAVAL V, FICHADIA A. Risks, controls, and security: concepts and applications[M]. Wiley Publishing,2007.

[5]ROEHL W S, FESENMAIER D R. Risk perceptions and pleasure travel: An exploratory analysis[J]. Journal of Travel Research,1992,30(4):17-26.

[6]SIMANAVICIUS A, LAZAUSKAS A, SIMBEROVA I. Methods of tourism risk perception: economic assessment [J]. Transformations in Business & Economics,2014,13(2):311-323.

[7]OSBORNE A. Risk management made easy[M]. Bookboon,2012.

[8]БЕССОНОВА Г Б. Страхование рисков в туриндустрии: национальный и зарубежный опыт [J]. Информационная безопасность регионов, 2015,4(21).

[9]FUCHS G, REICHEL A. Tourist destination risk perception: The case of Israel[J]. Journal of Hospitality & Leisure Marketing,2006,14(2):83-108.

[10]SCHIFFMAN L G, KANUK L L. Communication and consumer behavior[J]. Consumer Behavior,1991,2:268-306.

[11]MOWEN J C, MINOR M. Consumer Behavior. 5th Edition [M]. Upper Saddle River, New Jersey: Prentice Hall. 1998.

[12]ASSAEL H. Consumer Behavior and Marketing Action. 5th ed[J]. South-

Western College Publishing, 1995.

[13] ENGEL J F, BLACKWELL R D. Miniard., PW Consumer Behavior[M]. Dryden Press, Forth Worth, Orlando. 1995.

[14] BANKS E. Catastrophic risk: analysis and management[M]. John Wiley & Sons, 2005.

[15] UNISDR U. Sendai framework for disaster risk reduction 2015 – 2030; proceedings of the Proceedings of the 3rd United Nations World Conference on DRR, Sendai, Japan, F, 2015[C].

[16] FEDESKI M, GWILLIAM J. Urban sustainability in the presence of flood and geological hazards: The development of a GIS–based vulnerability and risk assessment methodology[J]. Landscape and Urban Planning, 2007, 83(1): 50–61.

[17] DEMIRKESEN A, EVRENDILEK F, BERBEROGLU S, et al. Coastal flood risk analysis using Landsat–7 ETM+ imagery and SRTM DEM: A case study of Izmir, Turkey[J]. Environmental monitoring and assessment, 2007, 131(1–3): 293–300.

[18] CARDONA O. Inter – American development bank[J]. Latin Trade, 2005(10).

[19] KLüGEL J–U, MUALCHIN L, PANZA G. A scenario–based procedure for seismic risk analysis[J]. Engineering Geology, 2006, 88(1–2): 1–22.

[20] 佩塔克,阿特克森. 自然灾害风险评价与减灾政策[M]. 向立云,程晓陶,译. 北京:地震出版社,1993.

[21] GHEORGHE A V, MOCK R, KROGER W. Risk assessment of regional systems[J]. Reliability Engineering & System Safety, 2000, 70(2): 141–156.

[22] PAGLIACCI F. Agri – food activities in jeopardy – A territorial analysis of risks from natural hazards[J]. Land Use Policy, 2019, 87(104041).

[23] PELLING M, MASKREY A, RUIZ P, et al. Reducing disaster risk: a challenge for development[J]. Future Survey, 2004, 26(18): 21–22.

[24] ARNOLD M. Natural disaster hotspots case studies [M]. World Bank

Publications,2006.

[25]DUTTA D,HERATH S,MUSIAKE K. A mathematical model for flood loss estimation[J]. Journal of hydrology,2003,277(1-2):24-49.

[26]VAN WESTEN C J,MONTOYA L,BOERBOOM L,et al. Multi-hazard risk assessment using GIS in urban areas:a case study for the city of Turrialba, Costa Rica;proceedings of the Proc Regional workshop on Best Practise in Disaster Mitigation,Bali,F,2002[C].

[27]黄崇福,刘新立,周国贤,等. 以历史灾情资料为依据的农业自然灾害风险评估方法[J]. 自然灾害学报,1998(02):4-12.

[28]苏桂武,高庆华. 自然灾害风险的分析要素[J]. 地学前缘,2003,10(U08):272-280.

[29]葛全胜,邹铭,郑景云. 中国自然灾害风险综合评估初步研究[M]. 北京:科学出版社,2008.

[30]史培军,杜鹃,冀萌新,等. 中国城市主要自然灾害风险评价研究[J]. 地球科学进展,2006,21(2):170-177.

[31]许世远,王军,石纯,等. 沿海城市自然灾害风险研究[J]. 地理学报,2010,61(2):127-138.

[32]胡蓓蓓,周俊,王军,等. 天津市滨海新区风暴潮灾害风险评估[J]. 海洋湖沼通报,2012(2):114-122.

[33]石勇. 基于情景模拟的上海中心城区道路的内涝危险性评价[J]. 世界地理研究,2013,22(4):152-158.

[34]石勇. 城市居民住宅的暴雨内涝脆弱性评估:以上海为例[J]. 灾害学,2015,(03):94-98.

[35]石勇. 基于情景模拟的居民住宅内部财产的水灾脆弱性评价[J]. 水电能源科学,2014,32(8):134-137.

[36]CAIN S. Anaheim investing in tourist safety[J]. Orange County Business Journal,2001,24(2):13.

[37]BHATTARAI K, CONWAY D, SHRESTHA N. Tourism, terrorism and turmoil in Nepal[J]. Annals of Tourism Research,2005,32(3):669-688.

[38]PIZAM A, MANSFELD Y. Tourism, security and safety: From theory to

practice[M]. Elsevier Butterworth-Heinemann,2005.

[39]HUGHES L,STOCK P,BRAILSFORD L,et al. Icons at risk:climate change threatening Australian tourism[R]. Climate council of Australia,2018.

[40]FAULKNER B. Towards a framework for tourism disaster Management[J]. Tourism Management,2001,22(2):135-147.

[41]HALL C M,TIMOTHY D J,DUVAL D T. Safety and security in tourism:relationships,management,and marketing[M]. Routledge,2012.

[42]CHAUHAN V. Safety and security perceptions of tourists visiting Kashmir, India[J]. Advances in Hospitality and Leisure Emerald Group Publishing Limited,2007,3:3-17.

[43]HARMS-RINGDAHL L. Relationships between accident investigations,risk analysis,and safety management[J]. Journal of Hazardous Materials,2004, 111(1-3):13-19.

[44]张进福,郑向敏. 旅游安全研究[J]. 华侨大学学报:哲学社会科学版, 2001,(1):15-22.

[45]郑向敏,卢昌荣. 论我国旅游安全保障体系的构建[J]. 东北财经大学学报,2003,6(30):16-20.

[46]邹统钎. 旅游危机管理[M]. 北京:北京大学出版社,2005.

[47]李欢欢,李锋. 浅析地质公园类型景区的旅游安全问题:以野三坡景区为例[J]. 乐山师范学院学报,2013,28(8):57-59.

[48]岑乔. 山地旅游安全保障体系的建立:以高山和极高山为例[J]. 安徽农业科学,2011,39(21):12971-12973.

[49]岑乔,黄英. 山地景区旅游安全感知与态度研究:基于旅游者和山地景区从业人员的调查[J]. 技术与市场,2011,18(6):347-350.

[50]刘海燕,池进. 乡村旅游安全研究:以福建省泉州市北溪村为例[J]. 旅游研究,2011,3(3):43-49.

[51]陈金华,何巧华. 基于旅游者感知的海岛旅游安全实证研究[J]. 中国海洋大学学报(社会科学版),2010,(2):38-42.

[52]胡俊青. 户外自助旅游安全及相关法律问题研究:以浙江省为例[J]. 中国商贸,2012,(13):30-31.

[53]赵士德,郭小莉.浅析我国旅游安全管理现状及对策[J].资源开发与市场,2008,24(8):760-762.

[54]林香民,李剑峰,阮红利.基于ArcIMS的旅游安全管理系统[J].中国安全科学学报,2005,15(10):25-29.

[55]陆燕春.旅游安全风险管理与对策研究[J].广西民族大学学报(哲学社会科学版),2008,30(4):135-138.

[56]席建超,张瑞英,赵美风.青藏铁路沿线旅游安全风险评价[J].山地学报,2012,30(6):737-746.

[57] FUCHS G, REICHEL A. An exploratory inquiry into destination risk perceptions and risk reduction strategies of first time vs. repeat visitors to a highly volatile destination [J]. Tourism Management, 2011, 32 (2): 266-276.

[58]WONG J-Y,YEH C. Tourist hesitation in destination decision making[J]. Annals of Tourism Research,2009,36(1):6-23.

[59]SONMEZ S F,GRAEFE A R. Influence of terrorism risk on foreign tourism decisions[J]. Annals of Tourism Research,1998,25(1):112-144.

[60]BENTLEY T A,PAGE S J,LAIRD I S. Accidents in the New Zealand adventure tourism industry[J]. Safety Science,2001,38(1):31-48.

[61]LEPP A,GIBSON H. Sensation seeking and tourism:Tourist role,perception of risk and destination choice[J]. Tourism Management,2008,29(4):740-750.

[62]BENTLEY T A,PAGE S J. Decade of injury monitoring in the New Zealand adventure tourism sector: A summary risk analysis [J]. Tourism Management,2008,29(5):857-869.

[63]SHENG-HSHIUNG T,GWO-HSHIUNG T,KUO-CHING W. Evaluating tourist risks from fuzzy perspectives[J]. Annals of Tourism Research,1997,24(4):796-812.

[64]IRENE P,PAOLO V,DONATELLA V,et al. Mapping the environmental risk of a tourist harbor in order to foster environmental security:objective vs. subjective assessments[J]. Marine Pollution Bulletin,2010,60(7):

1051-1058.

[65]范向丽,郑向敏.女性旅游者研究综述[J],旅游学刊,2007,03:76-83.

[66]吴必虎,王晓,李咪咪.中国大学生对旅游安全的感知评价研究[J].桂林旅游高等专科学校学报,2001,12(3):62-68.

[67]刘鲁,张静儒,吴必虎.身份认同视角下中国背包客的目的地选择偏好研究[J].旅游学刊,2018,33(4):80-89.

[68]秦礼敬.山地旅游景区游客的安全认知研究[D].重庆师范大学,2013.

[69]姚晓英,罗明春,史俊刚.张家界国家森林公园游客安全意识研究[J].中南林业科技大学学报(社会科学版),2013,7(01):17-19.

[70]廖斌斌.中国旅游效率评价与区域差异研究-基于 2000—2011 年省际面板数据[J].科技和产业,2013,13(12):35-38.

[71]陈永昶,徐虹,郭净.导游与游客交互质量对游客感知的影响:以游客感知风险作为中介变量的模型[J].旅游学刊,2011,26(8):37-44.

[72]张西林.旅游安全事故成因机制初探[J].经济地理,2003,23(4):542-546.

[73]肖爱连,吴孝政.事故因果连锁,PSR 框架与旅游安全评价[J].求索,2009,(5):77-9.

[74]李巧玲,彭淑贞.旅游安全及其相关问题的初步研究[J].泰山学院学报,2006,28(1):65-68.

[75]邹永广,林炜铃,郑向敏."驴友"旅游安全事故成因机理研究:基于扎根理论范式的质性分析[J].旅游科学,2014,28(3):76-86.

[76]秦志英,龙良碧.旅游灾害事件成灾模型的建立及解析[J].灾害学,2004,19(4):72-76.

[77]席建超,刘浩龙,齐晓波,等.旅游地安全风险评估模式研究:以国内 10 条重点探险旅游线路为例[J].山地学报,2007,25(3):370-375.

[78]张俊.基于游客认知视角的旅游地安全风险评价研究[D].华侨大学,2014.

[79]周丽君.山地景区旅游安全风险评价与管理研究:以长白山景区为例[D].长春:东北师范大学,2012.

[80]石勇.灾害情景下城市脆弱性评估研究[D].上海:华东师范大

学,2010.

[81]WILKS J,MOORE S. Tourism risk management for the Asia-Pacific Region [M]. Cooperative Research Centre for Sustainable Tourism,2004.

[82]SHURLAND D,DE JONG P. Disaster risk management for coastal tourism destinations responding to climate change: A practical guide for decision makers[M]. United Nations Environment Programme,2008.

[83]BOARO I. Risk management-Principles and guidelines[M]. International Organization for Standardization,Geneva,Switzerland,2009.

[84]BEIRMAN D, VAN WALBEEK B. Bounce back: Tourism risk, crisis and recovery management guide [M]. Bangkok: The Pacific Asia Travel Association(PATA). 2011.

[85]URAL M. Risk management for sustainable tourism[J]. European Journal of Tourism,Hospitality and Recreation,2016,7(1):63-71.

[86]BEIRMAN D. Tourismr isk,crisis and recovery management guide(for tour wholesalers) [R/OL]. [2016-03-09]. http://hdl. handle. net/10453/73067.

[87] COMCEC Coordination office. Risk and crisis management in tourism sector-recovery from crisis in OIC member countries[R/OL]. [2017-08]. http://www. tourismdev. com/Default. 1118. html.

[88]BECKEN S,HUGHEY K F D. Linking tourism into emergency management structures to enhance disaster risk reduction[J]. Tourism Management, 2013,36:77-85.

[89] NGUYEN D, IMAMURA F, IUCHI K. Disaster management in coastal tourism destinations: The case for transactive planning and social learning [J]. International Review for Spatial Planning and Sustainable Development,2016,4(2):3-17.

[90] ORCHISTON C. Seismic risk scenario planning and sustainable tourism management: Christchurch and the Alpine Fault zone, South Island, New Zealand[J]. Journal of Sustainable Tourism,2012,20(1):59-79.

[91]PRIDEAUX B. The need to use disaster planning frameworks to respond to

major tourism disasters: Analysis of Australia's response to tourism disasters in 2001 [J]. Journal of Travel & Tourism Marketing, 2004, 15 (4): 281-298.

[92] ALEXANDRAKIS G, MANASAKIS C, KAMPANIS N A. Valuating the effects of beach erosion to tourism revenue. A management perspective[J]. Ocean Coast Manage,2015,111(1-11).

[93]李锋,孙根年. 基于旅游本底线法(TBLM)的旅游危机事件研究:以2003 年"SARS"事件为例[J]. 人文地理,2006,21(4):102-105.

[94]叶欣梁,温家洪,邓贵平. 基于多情景的景区自然灾害风险评价方法研究:以九寨沟树正寨为例[J]. 旅游学刊,2014,29(7):47-57.

[95]LEPP A,GIBSON H. Tourist roles,perceived risk and international tourism [J]. Annals of Tourism Research,2003,30(3):606-624.

[96] RITTICHAINUWAT B N, CHAKRABORTY G. Perceived travel risks regarding terrorism and disease: The case of Thailand [J]. Tourism Management,2009,30(3):410-418.

[97]DENG R Q,RITCHIE B W. International university students' travel risk perceptions: an exploratory study[J]. Current Issues in Tourism,2018,21(4): 455-476.

[98]BURGESS S,SELLITTO C,COX C,et al. Strategies for adopting consumer-generated media in small-sized to medium-sized tourism enterprises[J]. International Journal of Tourism Research,2015,17(5):432-441.

[99]COCHRANE J. The sphere of tourism resilience[J]. Tourism Recreation Research,2010,35(2):173-185.

[100]ORCHISTON C,PRAYAG G,BROWN C. Organizational resilience in the tourism sector[J]. Annals of Tourism Research,2016,56:145-148.

[101]BIGGS D,HALL C M,STOECKL N. The resilience of formal and informal tourism enterprises to disasters: reef tourism in Phuket, Thailand [J]. Journal of Sustainable Tourism,2012,20(5):645-665.

[102]DAHLES H,SUSILOWATI T P. Business resilience in times of growth and crisis[J]. Annals of Tourism Research,2015,51:34-50.

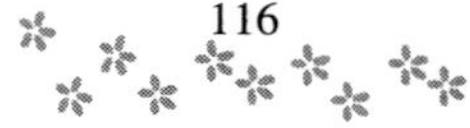

[103] MCMANUS S, SEVILLE E, VARGO J, et al. Facilitated process for improving organizational resilience[J]. Natural Hazards Review, 2008, 9(2):81-90.

[104] CARTER W N. Disaster management: A disaster manager's handbook[M]. Asian Development Bank, 2008.

[105] HUAN T-C. Taiwan's 921 earthquake, crisis management and research on no-escape natural disaster[J]. Crisis Management in Tourism; CAB International: Wallingford, UK, 2007, 170-185.

[106] 马宗晋,高庆华. 减轻自然灾害系统工程初议[J]. 灾害学,1990,(02):1-7.

[107] 刘本培,蔡运龙. 地球科学导论[M]. 北京:高等教育出版社,2000.

[108] 梁警丹. 吉林省生态灾害风险评价与管理对策研究[D]. 东北师范大学,2007.

[109] 李锐. 浅析旅游灾害成因及政府在减灾中的职责[J]. 西南师范大学学报(自然科学版),2001,(03):341-345.

[110] DRABEK T E. Risk perceptions of tourist business managers[J]. Environmental Professional, 1994, 16(4):327-341.

[111] BURBY R J, WAGNER F. Protecting tourists from death and injury in coastal storms[J]. Disasters, 1996, 20(1):49-60.

[112] DRABEK T E. Disaster responses within the tourist industry[J]. International journal of mass emergencies and disasters, 1995, 13(1): 7-23.

[113] 刘燕华,康相武,吴绍洪,等. 消减黄河下游洪灾风险研究[J]. 科学通报,2006,(2):129-139.

[114] SAAYMAN M, SNYMAN J A. Entrepreneurship: tourism style[M]. Leisure C Publications, 2005.

[115] HOLDEN A. Environment and tourism[M]. Routledge, 2016.

[116] MURPHY P E. Community driven tourism planning[J]. Tourism management, 1988, 9(2):96-104.

[117] BALTZAN P, PHILLIPS A. Business Driven Technology with Premium

Content Card[M]. McGraw-Hill, Inc. ,2009.

[118] ALLEN K R. Growing and managing an entrepreneurial business[M]. Houghton Mifflin College Division,1999.

[119]罗云. 工业安全经济学[J]. 工业安全与防尘,1993,(01):34-38.

[120]李志刚,戴光全. 国际会议安全管理初探:以桂林 2002 博鳌亚洲旅游论坛为例[J]. 旅游学刊,2004,(03):72-76.

[121]黄惠伯. 饭店安全管理[M]. 长沙:湖南科学技术出版社,2001.

[122]罗云. 安全生产与社会发展的关系[J]. 现代职业安全,2004,(08):22.

[123] COOMBS W T. Ongoing crisis communication: Planning, managing, and responding[M]. Sage Publications,2014.

[124]薛澜,张强,钟开斌. 危机管理:转型期中国面临的挑战[J]. 中国软科学,2003,(04):6-12.

[125] ASSOCIATION P A T. Crisis: It won't happen to us[J]. PATA: Bangkok,2003.

[126]史培军,苏筠. 土地利用变化对农业自然灾害灾情的影响机理(一):基于实地调查与统计[J]. 自然灾害学报,1999,8(1):1-8.

[127]张江伟,李小军,迟明杰,等. 滑坡灾害的成因机制及其特征分析[J]. 自然灾害学报,2015,24(6):42-49.

[128]王晟哲. 中国自然灾害的空间特征研究[J]. 中国人口科学,2016,(6):68-77.

[129]吴必虎,唐俊雅,黄安民,等. 中国城市居民旅游目的地选择行为研究[J]. 地理学报,1997,64(2):97-103.

[130]马宗晋. 中国自然灾害区划研究进展[M]. 北京:海洋出版社,1998.

[131] TSAI C H, WU T C, WALL G, et al. Perceptions of tourism impacts and community resilience to natural disasters[J]. Tourism Geographies,2016,18(2):152-173.

[132] NOY I, YONSON R. Economic Vulnerability and Resilience to Natural hazards: A survey of concepts and measurements[J]. Sustainability,2018,10(8):2850-2850.

[133]侯国林. 旅游危机:类型、影响机制与管理模型[J]. 南开管理评论,

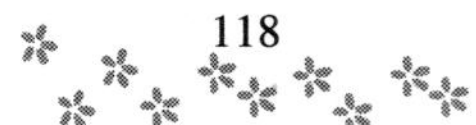

2005,(01):78-82.

[134]李宜聪,张捷,刘泽华,等. 自然灾害型危机事件后国内旅游客源市场恢复研究:以九寨沟景区为例[J]. 旅游学刊,2016,31(06):104-112.

[135] MASLOW A H. "Higher" and "lower" needs [J]. The journal of psychology,1948,25(2):433-436.

[136]SIRAKAYA E,WOODSIDE A G. Building and testing theories of decision making by travellers[J]. Tourism management,2005,26(6):815-832.

[137] GOELDNER C R, RITCHIE J B. Tourism: Principles, Practices, Philosophies[J]. 2006,2(1):63-65.

[138] PAGE S, CONNELL J. Tourism: A modern synthesis [M]. Cengage Learning EMEA,2006.

[139] JENSEN S, BLICHFELDT B S. Measures of motivation in tourism; proceedings of the 18th Nordic Symposium in Tourism and Hospitality Research,F,2009[C].

[140]RYAN C,WILKS J,PAGE S. Managing tourist health and safety in the new millennium [J]. Managing Tourist Health and Safety in the New Millennium,2003,55-66.

[141]KOZAK M,CROTTS J C,LAW R. The impact of the perception of risk on international travellers [J]. International Journal of Tourism Research, 2007,9(4):233-242.

[142]PISONERO R D. Tourist activity and low cost airlines in the Mediterranean Spanish arch[J]. International Journal of Social Science Research,2015,3(1):13-28.

[143]BIANCHI C. Solo holiday travellers: Motivators and drivers of satisfaction and dissatisfaction[J]. International Journal of Tourism Research,2016,18(2):197-208.

[144] SCHIEBLER S A, CROTTS J C, HOLLINGER R C. Florida tourists' vulnerability to crime[J]. Tourism,crime and international security issues, 1996,37-50.

[145]FLOYD M F,GIBSON H,PENNINGTON-GRAY L,et al. The effect of risk

perceptions on intentions to travel in the aftermath of September 11,2001 [J]. Journal of Travel & Tourism Marketing,2004,15(2-3):19-38.

[146]刘浩龙. 中国景区自然灾害风险管理研究[D]. 中国科学院地理科学与资源研究所,2008.

[147]PEARLMAN D,MELNIK O. Hurricane Katrina's effect on the perception of New Orleans leisure tourists[J]. Journal of Travel & Tourism Marketing, 2008,25(1):58-67.

[148]CHOI S,LEHTO X Y,MORRISON A M. Destination image representation on the web:Content analysis of Macau travel related websites[J]. Tourism Management,2007,28(1):118-129.

[149] ARMSTRONG E K, RITCHIE B W. The heart recovery marketing campaign:Destination recovery after a major bushfire in Australia's national capital[J]. Journal of Travel & Tourism Marketing, 2008, 23 (2-4): 175-189.

[150] RITTICHAINUWAT B, NELSON R, RAHMAFITRIA F. Applying the perceived probability of risk and bias toward optimism: Implications for travel decisions in the face of natural disasters[J]. Tourism Management, 2018,66:221-232.

[151]PHAM T D,SIMMONS D G,SPURR R. Climate change-induced economic impacts on tourism destinations: the case of Australia [J]. Journal of Sustainable Tourism,2010,18(3):449-473.

[152]SIMPSON M C,GOSSLING S,SCOTT D,et al. Climate change adaptation and mitigation in the tourism sector:frameworks,tools and practices[M]. United Nations Environment Programme,2008.

[153] AMELUNG B, NICHOLLS S, VINER D. Implications of global climate change for tourism flows and seasonality[J]. Journal of Travel research, 2007,45(3):285-296.

[154]LEWIS S C,KING A D,MITCHELL D M. Australia's unprecedented future temperature extremes under Paris limits to warming [J]. Geophysical Research Letters,2017,44(19):9947-9956.

[155] TSAI C-H, WU T-C, WALL G, et al. Perceptions of tourism impacts and community resilience to natural disasters[J]. Tourism Geographies, 2016, 18(2): 152-173.

[156] LEMELIN H, DAWSON J, STEWART E J, et al. Last-chance tourism: The boom, doom, and gloom of visiting vanishing destinations [J]. Current Issues in Tourism, 2010, 13(5): 477-493.

[157] HUGHES T P, KERRY J T, A'LVAREZ-NORIEGA M, et al. Global warming and recurrent mass bleaching of corals[J]. Nature, 2017, 543 (7645): 373-377.

[158] DUKE N C, KOVACS J M, GRIFFITHS A D, et al. Large-scale dieback of mangroves in Australia's Gulf of Carpentaria: a severe ecosystem response, coincidental with an unusually extreme weather event [J]. Marine and Freshwater Research, 2017, 68(10): 1816-1829.

[159] DE'ATH G, FABRICIUS K E, SWEATMAN H, et al. The 27-year decline of coral cover on the Great Barrier Reef and its causes[J]. Proceedings of the National Academy of Sciences, 2012, 109(44): 17995-17999.

[160] BICKNELL S, MCMANUS P. The canary in the coalmine: Australian ski resorts and their response to climate change[J]. Geographical Research, 2006, 44(4): 386-400.

[161] STEIGER R, STöTTER J. Climate change impact assessment of ski tourism in Tyrol[J]. Tourism Geographies, 2013, 15(4): 577-600.

[162] FIDDES S L, PEZZA A B. Current and future climate variability associated with wintertime precipitation in alpine Australia[J]. Climate Dynamics, 2015, 44(9-10): 2571-2587.

[163] BORMANN K J, MCCABE M F, EVANS J P. Satellite based observations for seasonal snow cover detection and characterisation in Australia[J]. Remote Sensing of Environment, 2012, 123: 57-71.

[164] HARRIS R, REMENYI T, BINDOFF N. The potential impacts of climate change on Victorian alpine resorts. A report for the Alpine Resorts Co-ordinating Council [J]. Antarctic Climate and Ecosystems Cooperative

Research Centre, Hobart, Tasmania, 2016.

[165] WHETTON P, HAYLOCK M, GALLOWAY R. Climate change and snow-cover duration in the Australian Alps[J]. Climatic Change, 1996, 32(4): 447-479.

[166] GENç R. Catastrophe of Environment: The Impact of Natural Disasters on Tourism Industry [J]. Journal of Tourism & Adventure, 2018, 1 (1): 86-94.

[167] 勾佳. 突发性自然灾害对目的地旅游业的影响研究: 以汶川地震为例[D]. 重庆师范大学, 2012.

[168] STYLIDIS D, BIRAN A, SIT J, et al. Residents' support for tourism development: The role of residents' place image and perceived tourism impacts[J]. Tourism Management, 2014, 45: 260-274.

[169] SöNMEZ S F, APOSTOLOPOULOS Y, TARLOW P. Tourism in crisis: Managing the effects of terrorism[J]. Journal of travel research, 1999, 38 (1): 13-18.

[170] YAMAMURA E. Natural disasters and social capital formation: The impact of the Great Hanshin-Awaji Earthquake[J]. Papers in Regional Science, 2016, 95: S143-S164.

[171] 胡蓓蓓. 天津市滨海新区主要自然灾害风险评估[D]. 上海: 华东师范大学, 2009.

[172] GRüNTHAL G, THIEKEN A, SCHWARZ J, et al. Comparative risk assessments for the city of Cologne-storms, floods, earthquakes[J]. Natural Hazards, 2006, 38(1-2): 21-44.

[173] HALL J W, DAWSON R, SAYERS P, et al. A methodology for national-scale flood risk assessment; proceedings of the Proceedings of the Institution of Civil Engineers-Water Maritime and Engineering, F, 2003 [C]. London: Published for the Institution of Civil Engineers by Thomas Telford.

[174] KAPLAN S, GARRICK B J. On the quantitative definition of risk[J]. Risk analysis, 1981, 1(1): 11-27.

[175] UNDRO'S M N D. Phenomena, Effects and Options[J]. A Manual for Policy Makers and Planners United Nations,1991,3-28.

[176] DWYER A, ZOPPOU C, NIELSEN O, et al. Quantifying social vulnerability:a methodology for identifying those at risk to natural hazards [M]. Geoscience Australia,2004.

[177]娄世娣.旅游风险及其防范[J].商业经济,2004,(02):119-120+127.

[178]GLASER B G,STRAUSS A L,STRUTZEL E. The Discovery of Grounded Theory;Strategies for Qualitative Research[J]. Nursing Research,1968,17(4):364.

[179]凯西,卡麦兹.建构扎根理论:质性研究实践指南[M].重庆:重庆大学出版社,2009.

[180]陈向明.质的研究方法与社会科学研究[M].北京:教育科学出版社,2000.

[181]苑炳慧,辜应康.基于顾客的旅游目的地品牌资产结构维度:扎根理论的探索性研究[J].旅游学刊,2015,30(11):87-98.

[182]吴国清.城市居民出境旅游风险感知维度选划:以上海市为例[J].地域研究与开发,2017,36(01):109-114.

[183]万红莲,张咪,宋海龙,等.1990-2016 年国内旅游安全研究述评[J].经济地理,2018,38(02):213-219.

[184]FROLOVA N I,LARIONOV V I,BONNIN J,et al. Seismic risk assessment and mapping at different levels[J]. Natural Hazards,2017,88(1):43-62.

[185]李鹏,虞虎,王英杰.中国 3A 级以上旅游景区空间集聚特征研究[J].地理科学,2018,38(11):1883-1891.

[186]高孟潭. GB 18306-2015 中国地震动参数区划图宣贯教材[M].北京:中国标准出版社,2015.

[187] ATHMANI, FERREIRA, VICENTE. Seismic risk assessment of the historical urban areas of Annaba city, Algeria[J]. International Journal of Architectural Heritage,2018,12(1):47-62.

[188]2016 年上海市国民经济和社会发展统计公报[J].统计科学与实践,

2017,(03):12-21.

[189]CHURCH J A, MONSELESAN D, GREGORY J M, et al. Evaluating the ability of process based models to project sea - level change [J]. Environmental Research Letters,2013,8(1):14-51.

[190] MCINNES K L, CHURCH J, MONSELESAN D, et al. Information for Australian impact and adaptation planning in response to sea-level rise [J]. Australian Meteorological and Oceanographic Journal,2015,65(1):127-149.

[191]邹莹. 沿海景区洪水灾害风险形成机制与评估[D]. 郑州大学,2018.

[192]HUNTER J. A simple technique for estimating an allowance for uncertain sea-level rise[J]. Climatic Change,2012,113(2):239-252.

[193]殷杰,尹占娥,于大鹏,等. 海平面上升背景下黄浦江极端风暴洪水危险性分析[J]. 地理研究,2013,32(12):2215-2221.

[194]郑大伟,虞南华. 上海地区海平面上升趋势的长期预测研究[J]. 中国科学院上海天文台年刊,1996,(17):36-45.